Manual for writing academic reports and
papers in psychology

心理学研究のための
レポート・論文の
書き方マニュアル

● 執筆のキーポイントと例文

瀬谷安弘・天野成昭
Yasuhiro Seya & Shigeaki Amano

ナカニシヤ出版

前書き

　大学での心理学の学びにおいて，実験レポートや卒業論文の作成は必須です。学生の多くはこのレポートや論文の作成にとても苦労します。この理由には，高校までの学びでは，そもそも学生はレポートや論文とは何であるかという基礎を学ぶ機会がなく，またレポート・論文の作成も経験しないことが挙げられます。さらに，大学においても，レポート・論文の基礎やその書き方を学ぶ授業がほとんどないことも苦労の原因となっています。この苦労を解消するために，心理学分野で求められるレポート・論文の基礎とその書き方を，学生が自力で学べるように本書を著しました。

　本書の特徴には2つあります。第1の特徴は，レポート・論文で用いる文例を豊富に載せている点です。心理学の実験レポート・論文の書き方に関する書籍は多数存在し，どの書籍もレポート・論文の書き方のコツを丁寧に説明しています。しかし，それらの書籍は必ずしも具体的な文例を示してはいません。例えば，「考察では本研究で得た結果と先行研究の知見との関連を考察すべき」という書き方のコツを示されたとしても，レポート・論文の作成に不慣れな学生にはどう書けば良いかが分からず，手も足も出ないでしょう。本書では書き方のコツとともに文例を多く示し，その文例を学生が真似しながらレポート・論文を執筆できるようにしてあります。

　第2の特徴は，レポート・論文の各部分について，悪例とそれを改良した良例を示している点です。書き方のコツや文例に従って執筆したつもりでも，不完全なレポート・論文になってしまうことはよくあります。自分のレポート・論文が悪例と同じ欠陥を持っていないかを確認し，どこをどう直せば良いかが分かるように説明してあります。

　なお本書では，量的データを測定する実験や調査に基づくレポート・論文の書き方に重点を置いています。心理学には，このような量的データを対象とする研究の他に，数量的に表すことが困難な質的データを対象とする研究もあります。質的データを扱うレポート・論文でも，その書き方は量的データを扱う研究と基本的に同じです。ただし質的データに特有なレポート・論文の書き方については，他の優良な書籍を参考にしてください。

　最後に，本書の出版にご尽力くださいましたナカニシヤ出版の宍倉由高様，本書の作成にあたり多くのアドバイスとご支援をくださいました愛知淑徳大学人間情報学部の教員の皆様に深く感謝申し上げます。

2020年3月

瀬谷安弘・天野成昭

目　　次

第 1 章

レポート・論文とは

POINT

◆ レポート・論文は著者の主張を論理的に説明した文章
◆ 大学では様々なレポート課題が課される
　　①ブックレポート（読書レポート）
　　②学習レポート
　　③実験レポート
　　④卒業論文
◆ 心理学で求められるのは実験・調査に基づいた実験レポート
◆ 学術論文を参考にしよう

1.1 レポート・論文とは

高校までの授業とは異なり，大学の講義・演習ではレポートが課題として出されることがよくあります。また，大学 4 年生になると卒業論文を書くことが求められます。この時，多くの人は「レポート・論文って何？」「どのように書けば良いの？」と疑問に思うでしょう。本書はこのような疑問に答えるために書かれています。

レポート・論文とは著者の感想を述べた，いわゆる感想文ではなく，**著者の主張を論理的に説明した文章**です。文章には必ず目的があります。例えば手紙の目的はその著者の思いを相手に伝えることでしょう。一方，レポート・論文の目的は著者の主張を読者に納得してもらうことです。そのためには自身の主張を単に述べるのではなく，根拠を示しながら簡潔かつ明瞭な文章で分かりやすく説明しなければなりません。つまり，読者を説得するための明確かつ論理的な文の集合がレポート・論文なのです。

1.1.1 レポート・論文の種類

①ブックレポート

図書の要約・論点の整理。

②学習レポート

複数の図書・文献のまとめ・論点の整理。

目的

授業内容の理解度の確認，学習の促進。

③実験レポート

実験を行い，データから明らかになったことの報告。

④卒業論文

学位を取得するための論文。

目的

論文作成法の学習，学位の審査。

感想は不要だよ。

図 1-1. 大学で課されるレポート・論文の種類

　大学でのレポート・論文は4種類に分けられます（図1-1）。すなわち，**①ブックレポート**，**②学習レポート**，**③実験レポート**，**④卒業論文**です。①〜③のレポートには，授業内容の理解促進が意図されるとともに，④の卒業論文執筆の予行演習が意図されています。以下にそれぞれについて説明します。

①ブックレポート

　ブックレポートとは，一般的に講義形式の授業内で指定された図書を読み，その概要や当該図書の著者の主張を報告する形式のレポートです。概要や著者の主張に基づいてレポート執筆者自身の意見が求められる場合もあります。ブックレポートでは講義の理解度の確認や学習の促進に重点が置かれます。

②学習レポート

　学習レポートとは，講義形式の授業で学んだ重要なテーマや用語について複数の文献を調べてまとめるレポートです。学習レポートには，概要をまとめる報告型学習レポートと，まとめた内容を根拠としてレポート執筆者自身の意見を述べる論証型レポートがあります。ブックレポートと同様に学習レポートでも理解度の確認や学習の促進に重点が置かれます。

③実験レポート

　実験レポートとは，演習形式の授業において実験や調査を行い，その「結果」を報告するとともに，結果を根拠とした「考察」および「結論」を論理的に説明するレポートです。実験レポートでは，結果と考察，結論を記述するだけでなく，なぜそのような実験・調査を行ったのかを説明する「序論」，どのように実験・調査を行ったのかを説明する「方法」も記述する必要があります。

④卒業論文

　大学4年生には大学での学びの集大成として，それまで学んできた知識や技術を用いて，実験や調査を行い，新しい事実や示唆を得て卒業論文を執筆することが求められます。一般的には，所属しているゼミの担当教員の指導の下で卒業論文を執筆します。実験レポートと同様に卒業論文でも，「序論」，「方法」，「結果」，「考察」，「結論」などの

off off off

4

要素に分けて説明する必要があります。

1.1.2 レポート・論文に感想は不要！

　レポート・論文で注意すべき点は，**感想は求められていない**という点です（図 1-2）。レポートの最後に，「……について調べるのは大変でした」や「……を調べてみて非常にためになりました」，「がんばりました」，「時間が足りなかったため完成できず申し訳ありません」などの感想が記述されているのをよく見かけます。いかに自分が苦労してレポートを作成したのかをアピールするため，またはなぜ残念なレポートとなってしまったのかの言い訳をするためなど，様々な理由でレポートとは無関係なエピソードや感想を記述しがちです。しかし，そのような**感想を記述するとレポートの評価を大きく落とします**ので，絶対にやめましょう。

　なお，大学では授業に関連する映画や教材映像を鑑賞し，その感想をレポートとして提出する場合もあります。この場合は授業の担当教員からその旨の指示が出されるはずです。原則として，**授業の担当教員から指示がある場合を除いて，レポートには感想は含めない**と考えましょう。もし感想が求められているかどうかが分からない場合には，必ず担当教員に問い合わせましょう。

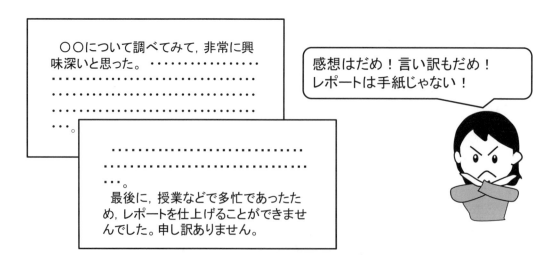

図 1-2. レポート・論文に感想はダメ！

1.2　心理学のレポート・論文

　心理学を学ぶ学部や学科，専攻では卒業論文が必修とされているため，卒業論文の作成のための訓練として実験レポートが多く課されます。なぜなら卒業論文は実験レポートと基本的に同じ構成で成り立っているからです。実験レポートや卒業論文では，実験を実施してデータを測定し，その測定結果から分かったことや推測されることを論理的に説明することが求められます。

　後述しますが，レポートや論文の「序論」や「考察」といった構成要素では，これまで行われてきた先行研究における実験方法や検討内容，そして得られた結果に基づく主張を簡潔にまとめる必要があります。この「序論」や「考察」の執筆内容はブックレポートや学習レポートと同じです。つまり，実験レポートはブックレポートと学習レポートの内容も含んでいるのです。

1.2.1　レポート・論文を読むことと書くこと

　心理学のレポート・論文の書き方を学ぶには，既に発行された学術論文を多く読むことが有効です。なぜなら学術論文は，論文を作成する上で必要なルールや形式に従って専門家が書いているからです。ただし，一言に学術論文と言っても，多くの種類があります。ここでは，まず学術論文の種類について学びましょう。

1.2.2　学術論文の種類

　学術論文は，雑誌を発行する機関やその用途に応じて，**①雑誌論文**，**②学位論文**，**③紀要論文**，**④予稿集** の 4 種類に分類できます（図 1-3）。以下にこれらの違いについて説明します。

①雑誌論文

　雑誌論文とは，学会などが主体となって発行する雑誌に掲載された論文を指します。実験や調査を 1 つまたは 2 つ以上行い，得られた結果から新しい知見を見出す論文を「原著論文」と言います。他にも主

要な先行研究の知見をまとめ，新しい可能性や展望を示す論文を「総説」あるいは「レビュー論文」と言います。いずれの論文も，**専門家による厳格な審査を受け，許可されることで雑誌に掲載**されます。専門家による論文の審査は「査読」と呼ばれ，研究の背景，目的，手法，結果および考察など，すべての構成要素にわたって，科学的な妥当性や論理性および重要性の観点から審査がなされます。

　雑誌論文は，その研究のインパクトや性質に応じて，原著論文，速報，研究資料など，いくつかのサブタイプに分類されることがあります。例えば，日本心理学会が発行する雑誌である『心理学研究』では，原著論文の他に，研究資料，研究報告，展望論文があります。

②学位論文

　学位論文とは，学位を取得するための要件として書かれた論文を指します。一般に，学位論文は大学院生の博士論文や修士論文を指します。しかし，学部の卒業論文も学位論文に含まれます。博士論文や修士論文では，通常，複数の実験がなされ，得られたデータに基づいて多角的な考察が行われます。

③紀要論文

　紀要論文とは，主に大学などの教育・研究機関が主体となって発行する雑誌に掲載された論文を指します。雑誌論文と比べると，紀要論文では専門家による厳格な査読を経ていない場合が多く，そのため，研究で用いた方法，結果，考察の妥当性が必ずしも保証されていません。したがって，紀要論文を先行研究として自身のレポート・論文で引用する場合には注意が必要です。

④予稿集

　予稿集とは学術会議・学術大会での発表内容を論文形式にまとめた冊子を指します。予稿集は「○○学会発表論文集」や「□□学会講演予稿集」など様々な名称の冊子として発行されます。

　学術会議・学術大会では多種多様な研究が数多く発表されます。発表一件あたりの時間は限られているので，参加者が事前に発表の概要を知り，有益な議論を効率良くできるようにするために，予稿集が発行されます。

　予稿集には査読があるものと査読がないものがあります。研究分野

によっては，予稿集の論文が雑誌論文と同格に扱われることもあります。心理学の分野では，一般的には査読の有無にかかわらず雑誌論文よりも低い評価になります。ただし，海外で発行される権威ある学術雑誌の中には「予稿集（Proceedings）」を冠する雑誌があり，これに掲載されている論文は雑誌論文なので誤解しないよう注意が必要です。

難

読みやすさ

易

①雑誌論文

学会などが発行する雑誌に掲載された論文。

②学位論文

学位を取得するための論文。

③紀要論文

大学などが発行する雑誌に掲載された論文。

④予稿集

学術会議・学術大会での発表の概要を示した論文。

査読の有無やその厳しさによって
論文の価値や読みやすさが違うよ。

図 1-3．学術論文の種類と読みやすさ

1.2.3　どの学術論文を読むべきか？

　どの学術論文を読むのが良いかについては，様々な考え方があります。一般的には，雑誌論文を読むことが一番良いと言えます。

　雑誌論文は，専門家による厳格な査読を経た後に雑誌に掲載されます。したがって，その論文の内容や構成，用語や文章表現などは，学術的に適切であることが保証されています。しかし雑誌論文では通常複数の実験が報告され，論理展開も複雑である場合が多く，レポート・論文に不慣れな学生には，内容を理解することが困難な場合があります。

　一方，紀要論文では，通常 1 つまたは少数の実験が報告され，学生にも内容の理解が容易である場合が多いと言えます。ただし，紀要論文は雑誌論文に比べて必ずしも厳格な査読を経ていないため，その内容や構成，論理展開，文章表現を参考にする場合には，注意が必要です。同様に，予稿集でも，必ずしも厳格な査読がなされないこと，さ

8

らに文字数やページ数に制限があるため詳細な情報が省略されることがあります。そのため予稿集を参考にレポート・論文を作成すると，必要な情報が不足するなどの不都合が生じる可能性があります。このようにレポート・論文の書き方を学ぶ上では，いずれの種類の学術論文にも長所と短所があります。

　図 1-4 に示すように，論文が掲載された媒体の種類と査読の有無に依存して，研究の質と信頼性が大きく異なることを知っておきましょう。特に，Wikipedia などのインターネット上の情報は，質と信頼性が低いことが多いので，その内容を鵜呑みにしてはいけません。できる限り研究の質と信頼性が高い論文を読み，それを自分のレポート・論文に引用するように心がけましょう。

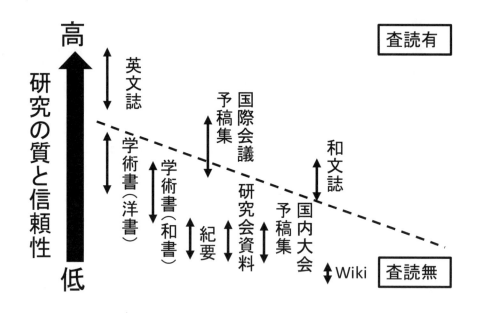

図 1-4. 研究の質と信頼性。点線は査読の有無の境界を示す

第 2 章

心理学実験演習レポート・論文の書き方：
基本の「き」

POINT

◆ レポート・論文は
  ➢ 序論（なぜ著者が実験を行ったのか）
  ➢ 方法（どのような方法で実験を行ったのか）
  ➢ 結果（どのような結果が得られたのか）
  ➢ 考察（その結果は何を意味するのか）
  ➢ 結論（論文全体の内容のまとめ）
  ➢ 引用文献（論文で引用した根拠のリスト）
  で構成する
◆ 内容をイメージしやすいタイトルを付ける
  ➢ 独立変数と従属変数を用いてタイトルを考える
◆ 型・ルールに従うことが重要
  ➢ 型・ルールに従わないと，内容が良くても評価されない
◆ 序論から順に書くのではなく，方法と結果を先に書く

2.1 何を書くのか？

非常に簡単に言うならば，実験レポートや卒業論文には**「なぜ実験を行う必要があったのか」**[1]，**「どのような方法で実験を行ったのか」**，**「どのような結果が得られたのか」**，**「その結果は何を意味するのか」**を書きます。ただし，これらの項目を好き勝手に書いて良いという訳ではありません。ここでは，まずレポート・論文を書くにあたっての基本となる論文の構成や型について学びましょう。

2.1.1 レポート・論文の基本構成

レポート・論文はいくつかの要素に分けて構成します。すなわち，**①序論，②方法，③結果，④考察，⑤結論，⑥引用文献**で構成します。以下にこれらの要素について説明します。

①序論

先行研究で明らかにされた事実を紹介し，それを踏まえて本研究において著者が研究を行った理由や目的，仮説を記述します。

②方法

実験に用いた方法を記述します。読者が同じ方法によって，実験を再現できるように，必要な情報をもれなく記述することが重要です。

③結果

実験で得たデータを集約した図や表，および独立変数の条件間における従属変数の差の有無を表した統計的検定結果などを記述します。

④考察

結果から明らかになった事実や，その事実から解釈・推測される事柄を記述します。ただし，これらを自由に記述するのではなく，「序論」

---

[1] なぜ実験を行う必要があったのかを書くといっても，「単位が欲しいから」や「実験をしろと言われたから」という理由を書くのではありません。

において示した**研究の目的・仮説と対応するように説明する**ことが求められます。

⑤結論

　論文の目的，結果，考察の簡潔なまとめを記述します。これに加えて，調べることができなかった課題などを示す場合もあります。

⑥引用文献

　レポート・論文の中で引用した先行研究を読者が参照できるようにするため，その文献情報として著者名や論文のタイトル，掲載された雑誌の名前，巻号，ページ数などをリストにして示します。

2.1.2　要約と添付資料

　卒業論文のような比較的長い論文では，上記の基本要素の他に**要約**と**添付資料を**追加する場合があります。要約では，その論文の内容を簡潔な概要として記述します。一般に，要約は論文のタイトルページの次のページに記述します。要約の文字数は，300〜400 文字程度が一般的です。ただし，文字数の指定は論文の種類によって異なるので，必ず事前に規定を確認してそれに従いましょう。

　添付資料では，実験で用いたプログラムのソースコードや実験参加者に与えた教示，論文に載せきれない実験データなど，内容の理解に参考となる資料を論文の最後にまとめて記載します。添付資料には，必ずしも定まったフォーマットはありません。なお学位論文やレポートの場合，資料の添付は任意となることが多いので，必ず指導教員の指示に従いましょう。

2.2 表紙とタイトル

図 2-1. 実験レポート（左）および卒業論文（右）の表紙の例

　レポート・論文には表紙を付けます。実験演習などで課されるレポートでは，表紙にレポートのタイトル（課題名），提出日，授業名，担当教員名，学籍番号，氏名などを記述します。卒業論文では，論文のタイトル，提出日，指導教員名，大学名，学部・学科名，学籍番号，氏名などを記述します。図 2-1 に実験レポートおよび卒業論文の表紙の例を示します。表紙の様式は指定されていることがほとんどなので，必ず指定に従って作成しましょう。

　レポート・論文のタイトルは，研究内容を短い言葉で表した「顔」とも言える重要な要素です。したがって，**研究内容をイメージしやすい適切なタイトル**を考えなければなりません。一般に，実験で用いた**独立変数**と**従属変数**をタイトルに含めると内容をイメージしやすいタイトルになります。独立変数とは実験で操作した条件・要因を意味します。従属変数とは，実験での操作の結果として変動する変数であり，実験で測定する変数を意味します。例えば，英語学習実験で学習者への教授方法を操作し，テストの得点を測定した場合を考えてみましょう。この実験の独立変数は操作した教授方法であり，従属変数（測定

した値）はテストの得点です。この場合のタイトルとしては，「英語学習における教授方法の違いが学習成績に及ぼす影響」などが候補となります。この候補例では，テストの得点を学習成績に置き換えています。このように必ずしも独立変数と従属変数をそのまま使わなくても良いことに注意しましょう。

　以下の実験例を参考にタイトルを考えてみましょう。

レポートのタイトルを考えてみよう

実験例①：人物の説明に用いる形容詞を操作し，その人物に対して形成される親しみやすさや信頼などの印象を測定した実験
悪例：
・心理実験演習Ⅰのレポート ・形容詞と印象形成 ・印象の結果 ・人物の印象形成に関する研究
良例：
・人物の説明に用いる形容詞が印象形成に及ぼす影響 ・人物の説明に用いる形容詞とその印象形成の関係

実験例②：複数の単語を継時的に呈示した後でその単語を自由に再生させ，単語の呈示位置と記憶成績の関係を検討した実験
悪例：
・心理実験演習Ⅰのレポート ・単語の自由再生 ・単語の再生率の結果 ・単語の記憶に関する研究
良例：
・自由再生における単語の呈示順序が記憶再生率に及ぼす影響 ・単語の呈示順序が記憶に及ぼす影響：自由再生法による検討

　ありがちなタイトルの悪例としては，「（授業名）のレポート」や，「（配布された資料のタイトル）のレポート」，「○○実験」，「○○の結果」などが挙げられます。このようなタイトルは研究内容を表す情報とし

て不適切・不十分であるばかりでなく，レポートや論文の印象を著しく損ねます。また「人物の印象形成に関する研究」や「単語の記憶に関する研究」，「人の認知機能に関する研究」などは，一見すると論文の内容を一言で言い表したタイトルのようにも思えます。しかし，あまりにも漠然としているため，具体的な研究内容をイメージできません。

　レポート・論文の作成に不慣れな段階では，まずは独立変数と従属変数を組み合わせたタイトルを考えるのが良いでしょう。そのためには，独立変数と従属変数の意味をよく理解しておく必要があります。レポート・論文の執筆に慣れてきた場合には，もっとインパクトのあるタイトルを考えてみるのも良いでしょう。その 1 つの方法は，論文の中核となる主張をタイトルにすることです。例えば，「温度に関する形容詞は人物の印象形成を変化させる」などが挙げられます。

2.3　レポート・論文の型

レポート・論文には型があります。大きく分けると，**論文の体裁**に関わる型と**文章の内容や書き方（文章構成や論理の展開）**の型の 2 種類があります。文章の内容や書き方に関わる型の多くについては，4 章以降で詳しく説明します。ここでは，全体にわたって共通する型についてのみ説明します。

論文の体裁の型としては，文章を記述する際のページの形式や書式，レイアウト（段組み，字下げなど）があります。これらは事前に指定されていることがほとんどです。なぜ体裁の型が指定されているのでしょうか？これまでに述べてきたように，レポート・論文には読者がいます。その読者にとって読みやすく，理解しやすいレポート・論文となるように，様々な型が指定されているのです。もし，体裁に従わずにレポート・論文を作成してしまうと，その内容が読者にうまく伝わらず，無用な誤解を招く可能性が高くなります。

現在では，レポートの作成に Microsoft Word などの文書ソフトを使うことが一般的です。そのため，ページ形式や書式，レイアウトなどを指定した体裁へ変更することは容易にできるはずです。それにもかかわらず，これらに注意を払わずに不適切な体裁でレポート・論文を作成している場合，読者である教員は「この学生はまじめにレポート・論文に取り組んでいないのではないか？」といった印象を持つ可能性が高くなります。レポートや論文の評価は主にその内容への評価であることは言うまでもありません。しかし，それでもなお論文の体裁はレポート・論文の評価に大きく関わってきます。必ず指定にそって体裁を設定することを心がけましょう。

2.3.1　体裁の型

体裁の型には，**①ページ形式**，**②フォント**，**③見出し**，**④文章**の 4 種類が挙げられます。

①ページ形式

一般に，担当教員によってレポート・論文のページ形式（フォーマ

ット）が指定されます。ページ形式が指定された場合には必ずそれに合わせましょう。ページ形式がファイルとして配布された場合は，必ずそれを用いましょう。**良いレポート・論文でも，型に従っていない場合は，受け取ってもらえず評価もされません。**図 2-2 に，愛知淑徳大学人間情報学部の心理実験演習 I のページ形式の例を示します。一般に，レポート・論文は A4 サイズで，縦置き・横書きにて作成します。余白は印刷に適した十分な大きさを指定し，文字数と行数は読者が読みにくくならない程度の文字数と行数を指定します。また，ページの下部中央にページ番号を入れます。

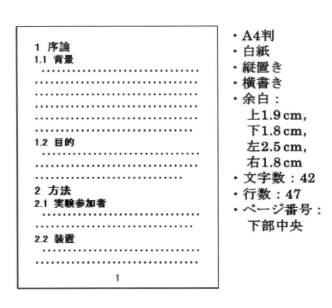

図 2-2. ページの形式の例

②フォント

　フォントの種類や大きさにも指定がある場合がほとんどです。しかもタイトルや見出し，本文などの要素に対して，異なるフォントが指定される場合もあります。用いるソフトウェアによってフォント変更の操作方法が異なるので，適宜マニュアルを参照し，適切な種類や大きさのフォントを用いてレポート・論文を作成しましょう。

③見出し

　心理学のレポート・論文では，内容のまとまりごとに要素に分けて情報を記述します。その各要素に「序論」や「方法」などの明確で適

切な見出しを付けることでレポート・論文の読みやすさが向上します。通常，**大見出し**の他に，**中見出し**や**小見出し**なども使います。見出しの例として，図 2-3 に，愛知淑徳大学人間情報学部の心理実験演習 I での様式と，日本心理学会が発行する「執筆・投稿の手引き（2015 年改定版）」の様式を示します。図 2-3 に示すように，1 や 1.1，1.1.1 といった数字を用いて，大見出し，中見出し，小見出しを分けて示す様式や，配置や改行，空行の有無などで分ける様式などがあります。見出しの様式も必ず指定に従うようにしましょう。

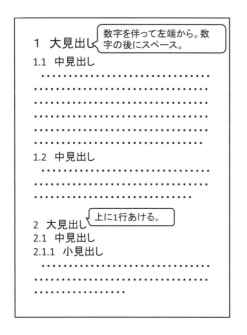
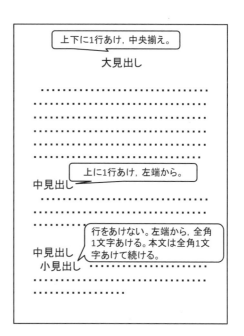

図 2-3．見出しの例。左は愛知淑徳大学人間情報学部の心理実験演習 I の様式，右は日本心理学会の様式を示す

④文章

　レポート・論文は，**箇条書きではなく，必ず文章として記述**します。また体言止めも避けましょう。現代仮名づかい・常用漢字を用いて「〜である」調で記述します。一人称には「筆者」を用い，曖昧な表現や主観的な表現，例えば，「約」，「ほぼ」，「かなり」等は避けましょう。その他，一文を短く簡潔に記述し，主語と述語を対応させましょう。

2.3.2 文章の内容や書き方の型

　文章の内容や書き方の型には，**①段落**，**②情報の順番**の 2 種類が挙げられます。

①段落

　レポート・論文に限らず，一般的に，内容のまとまりごとに段落を分けると読みやすさが向上するので，必ず段落を分けましょう。このように指導をすると，1 文ごとに段落を分けるという極端な反応を示す学生も見受けられます。しかし，それでは読みやすさの向上にはつながりません。

　段落を分けるコツは，**段落ごとにその段落が何を説明しているのかを考え，見出しを付ける**ことです。原則として **1 段落には 1 つの内容だけ**を含めます。内容が 2 つ以上あるならば，段落を分けるべきですし，同じ内容が 2 つ以上の段落にまたがっているならば，それらを 1 つの段落にまとめるべきです。ただし，何を 1 つの内容として捉えて 1 段落にまとめるかは，分かりやすさとの兼ね合いになります。

　例えば，「序論」の中で，先行研究の説明を記述する場合，先行研究 1 の説明と先行研究 2 の説明をそれぞれ別の段落に分けて記述することが可能です。一方，先行研究の説明というもっと大きな枠組みで捉えると，2 つの説明を 1 つの段落で記述することも可能です。ストーリー（話の流れ）を簡単な図で書いてみると段落を容易に分けられます（図 2-4）。

②情報の順番

　「序論」や「考察」では，様々な情報を適宜段落に分けながら説明します。この時の原則は，主要な事柄・主張・結論などの**重要な情報を段落の最初に書く**ことです。結論などの重要な情報が先に説明されていると，その後の詳細な説明との関連性が明確になるので，内容が分かりやすくなります。これとは逆に，結論などの重要な情報が段落の最後にあると，詳細な説明の途中では，その関連先が不明のままなので，内容が分かりにくくなります。したがって，詳細な説明や根拠を述べてから段落の最後に重要な情報を示す書き方をしてはいけません。

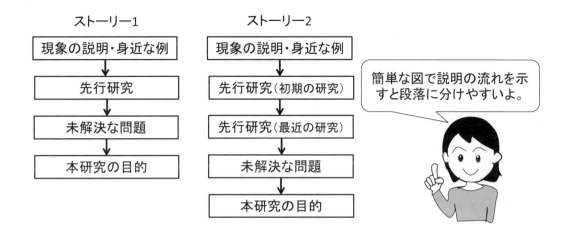

図 2-4. 「序論」を例とした段落の分け方。ストーリー1では 4 段落，ストーリー2では 5 段落に分けた構成

　図 2-5 に情報の順番と分かりやすさの例を示します。「あなたの長所を教えて下さい」という質問に対し，A さんも B さんも「私の長所はリーダーシップです」と答えています。しかし，重要な情報である答えを最初に示した B さんの方が A さんよりも分かりやすいでしょう。レポート・論文では，**読者が苦労することなく読み進めることができるように記述することが基本**です。したがって「結論」→「その結論に至る根拠・詳細な説明」の順番で書く方が良いのです。

図 2-5.　内容は同じでも結論が先にある方が分かりやすい

2.3.3 ルールを守る

　ここまで示したレポート・論文の構成要素や様々な様式を守ること
は基本的なルールです。この他のルールとして，レポート・論文の提
出期限が指定されたり，ページ数・行数・文字数などの文量が指定さ
れたりします。

　このような指定を守らずに提出してしまうと，せっかく作成したに
もかかわらずきわめて低い評価しかもらえません。必ずルールを守っ
てレポート・論文を作成し提出しましょう。ルールを守るためには，
まずルールを知る必要があります。レポート・論文を作成する前にル
ールを必ず確認しておきましょう。

2.4　レポート・論文作成のスケジュールと執筆の順序

2.4.1　スケジュール

　レポート・論文を作成する場合，まずは執筆スケジュールをすぐに立てましょう。提出ギリギリになってレポート・論文の作成に取り組むという学生も多く見受けられますが，それでは良い評価は得られません。重要なポイントは，**レポート・論文の作成には時間がかかる**ということです。特に，心理学で課される実験レポートでは，学習レポートなどとは異なり，実験を行い，データを解析しなければなりません。その上で，必要な情報を収集・整理し，文章として記述しなければなりません。また，実際に文章を書く前に，例えば図 2-4 に示したようなストーリー・論理の流れを整理し，アウトラインを作成した方が文章を効率良く書くことができます。レポート・論文を作成する場合には，どのステップをどういうタイミングで行うかというスケジュールを立ててから取り組みましょう。

　図 2-6 に心理学の実験レポート作成のスケジュールの例を示します。ここでは，一般的な心理実験演習を想定し，課題が出された時点で実験が終了しており，データが得られているものとしてスケジュールを立てています。図 2-6 では，提出期限を 1 週間後として，レポート作成の前半，中盤，後半にかける日数の例を示しています。図から分かるように，レポート・論文の作成には多くのステップが必要であり，提出の締め切り間際にレポート・論文に取り組むのでは手遅れとなります。卒業論文の作成の場合には，これより前の段階として，実験の計画や実施が必要となります。また，一般的には提出の締め切りよりも前に指導教員によるチェックが入るため，教員とのやり取りの時間も必要となります。

　まず，課題の理解・条件の理解から始めましょう。実験演習では，多くの場合，授業のはじめに実験を行い，その後，担当教員から実験の概要，実験の目的，方法，手続きに関する説明がなされます。これらの説明のメモをしっかりと取りましょう。さらに授業内で配布された資料から，自分が行った実験が何を調べるためのものなのか，どのような方法を用いたのかなどを整理・理解しましょう。また，レポー

22

トの提出期限をチェックし，レポート作成に残された時間を確認しましょう。同様に，表紙の有無やページの形式など，レポートの型も確認しましょう。心理学の実験レポートや卒業論文では，比較的早い段階から原稿の作成に取り組むことができます。なぜならば後述するように，記述する内容が早い段階で固定される部分があるからです。

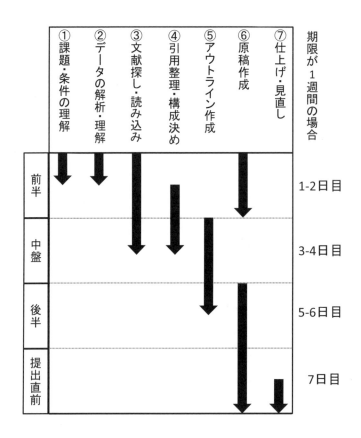

図 2-6. 心理実験レポート作成スケジュールの例

2.4.2 執筆の順序

　先に述べたように，心理学のレポート・論文は，「序論」，「方法」，「結果」，「考察」，「結論」，「引用文献」などの要素に分けて記述する必要があります。これらを執筆する時に重要な点は，**「序論」から書き始めるのではなく，「方法」と「結果」を先に書く**というテクニックです。
　実験のやり方を示す「方法」やデータの解析結果を示す「結果」の部分は，研究の比較的早い段階で確定し，後から変更されることはあ

りません。しかも，これらの部分では確定した「事実」のみを記述すれば良く，自分の考えや主張を述べる必要はありません。したがって，いわば「何も考えずに」作成することが可能であり，楽に書き進めることができるのです。しかも「結果」で示す事実は「考察」における主張の根拠となる部分なので，その根拠が明示できれば，それに基づく主張も論理的に展開できます。以上のことから，まず事実である「方法」と「結果」から書くべきなのです。

　一方，「考察」では結果を解釈し，先行研究との比較・検討を行い，それらに基づいて論理的に正しい主張を展開します。これらは知的作業であり，考えるための多くの時間が必要になります。「序論」では，先行研究の紹介，本研究の必然性や目的などを記述します。多くの先行研究を調べ上げ，そこで述べられている内容や主張，問題点を整理することは時間のかかる作業です。通常，「考察」や「序論」には細かな書き直しが何度も必要になります。しかも先行研究をどのように紹介するかによって，レポートや論文のストーリーが大きく変わることもあり，その場合は大幅な書き直しが必要になります。時間がかかる部分を先に書き始めると，いつまで経っても仕上がらず，しかも根拠があいまいな論理展開になってしまいます。「考察」と「序論」の作成は「方法」や「結果」よりも後にして，十分に時間をかけて練り上げることが必要なのです。

第3章

心理学レポート・論文の書き方：
各要素で何を書くべきか？

POINT

◆ 「序論」では，特定の対象を研究する必要があることを，文献を示しながら主張し，研究の目的・仮説を説明する

◆ 「方法」では，参加者，刺激，装置，手続きを説明する

◆ 「結果」では，得られたデータの図や表を示し，そこに見られる事実や大小関係を説明し，統計的検定の結果を示す

◆ 「考察」では，結果を根拠として研究目的の達成の有無や仮説の検証結果を説明し，先行研究と関連づけながら結果の解釈を示す

◆ 「結論」では，目的，結果，考察を簡潔に説明する

◆ 「引用文献」では，本文で引用した文献の詳細情報をリストとして示す

3.1 序論

3.1.1 序論に含めるべき内容

「序論」に含める内容
◆ 研究対象とする心理現象の説明・意義 ◆ 関連する先行研究の結果 　➤ 何が分かっているのか 　➤ 何が分かっていないのか（問題点） ◆ 実験の目的・仮説

　レポート・論文とは著者の主張を論理的に説明した文章です。では，その文章の「序論」では，何を主張すれば良いのでしょうか？「序論」では，様々な心理学の研究対象がある中で**「特定の対象に着目し研究する必要があること」を主張**しなければなりません。言い換えるならば，「なぜこの研究を行う必要があるのか？」という疑問に対する答えを示さなければなりません。

　「序論」は 2 つの部分で構成されます。1 つは**「研究背景」**，もう 1 つは**「研究目的」**です。

　「研究背景」では，まず身近な例や興味を引く事例を示しながら対象とする現象の定義や性質を説明します。その後，研究対象を扱った先行研究を紹介し，これまでに分かっている点と分かっていない点を説明します。この分かっていない点は解決すべき問題点でもあり，これを解決するために研究を行います。この未解決な問題点の重要性を説明することで研究の意義を強調します。

　「研究目的」では，研究背景を踏まえて研究の目的を説明します。例えば，「以上を踏まえ，本研究では○○を明らかにすることを目的とする」のように，簡潔に目的を説明します。さらに「研究目的」では，結果の予測・仮説も説明します。

　レポート・論文の作成において重要な原則は，読者が知りたいと思

っていることを常に意識して執筆することです。読者は著者の熱意・希望や個人的な必要性・重要性などを知りたくありません。したがって，「ぜひこの実験をやってみたい」，「興味がある」，「単位が欲しい」，「実験をやれと先生に言われた」，「手法を理解・会得するため」などの文言をレポート・論文に書くべきではありません。「序論」では，読者や著者も含めた社会にとって，研究する必要性や重要性があることを説明するように心がけましょう。

図 3-1. 熱意・希望や個人的な必要性・重要性ではなく，読者や社会にとっての必要性・重要性を説明しよう

3.1.2 文献の引用

　「序論」で説明する現象の定義・性質およびこれまでに分かっている点は，著者が定義したり研究で得たりした情報ではありません。そのため，それらを報告した先行研究の論文を引用し，「文献」として情報源を明示する必要があります。

　文献の引用方法には①**文章の中に示す方法**と②**括弧の中に示す方法**の2種類があります。これらの例を以下に示します。いずれの場合も，**著者の姓**と**刊行年**を記述することが大原則です。**日本語で書かれた文献の場合には日本語で，英語で書かれた文献では英語**で著者名を記述します。文献の引用方法については，10章で詳しく説明します。

文献の引用の例

① 文章の中に示す方法：

瀬谷・天野（2017）によれば，……。

Seya and Amano（2017）によれば，……。

日本語・英語にかかわらず，「姓＋刊行年」で示すよ。

② 括弧の中に示す方法：

〜ということが報告されている（瀬谷・天野, 2017）。

〜ということが報告されている（Seya & Amano, 2017）。

3.2 方法

3.2.1 方法に含めるべき内容

「方法」に含める内容
◆ 実験参加者
◆ 装置（機器，質問紙）
◆ 刺激
◆ 手続き

　方法は①**実験参加者**，②**装置**，③**刺激**，④**手続き**に分けて，この順に説明します。ただし，複数の実験を同じ方法で行った場合では，説明の繰り返しを避けるために，2回目以降の実験において，この4要素をまとめて簡潔に記述する場合もあります。

①実験参加者

　「実験参加者」では，実験に参加した参加者の情報を示します。具体的には，参加者の種類（小学生，大学生，スポーツ選手など），全体の人数および男性・女性の人数，年齢の平均値および標準偏差などを示します。この他に研究内容に関連する参加者の情報を必要に応じて追加することもあります。例えば，語学，スポーツ，音楽などの訓練歴や現在の能力などです。

②装置（機器，質問紙）

　「装置」では，実験で用いた装置を説明します。例えば，実験で用いたパーソナルコンピュータやディスプレイ，キーボード，マウスなどの製造会社名や型番を説明します。必要に応じて，装置の性能についても説明します。例えば，ディスプレイに刺激を表示する際のリフレッシュレート（1秒あたりの画面の切り替わり回数）やセンサーのサンプリングレート（1秒あたりのデータ取得回数）など，実験の本質に

関わる特性を示しておくべきです。

　質問紙調査ならば，質問紙の大きさや枚数などを説明します。質問紙のみを用いた実験・調査などでは「装置」ではなく「質問紙」という見出しを使う場合もあります。

③刺激

　「刺激」では，実験で用いた刺激の性質，種類，数などを説明します。例えば，ディスプレイに表示した文字や画像の大きさや色などを説明します。質問紙調査であれば，質問紙に示した質問項目の内容，配置，文字の大きさや色などを説明します。なお，質問紙調査では「刺激」ではなく「質問項目」という見出しを使います。

④手続き

　「手続き」では，実験の具体的な操作・手順や実験環境などを説明します。例えば，刺激の呈示方法，参加者の反応方法，試行回数や実験順序，実験場所などについて詳しく説明します。その際，実際に行った時間順序に沿って，実験者を暗黙の主語として実験者の目線で手続きを記述すると分かりやすくなります。

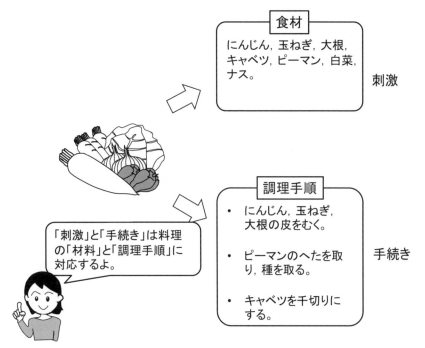

図 3-2.「刺激」と「手続き」の違い

　「刺激」に刺激の呈示方法を書いたり，「手続き」に刺激の性質を書いたりしてはいけません。図3-2に示すように，「刺激」と「手続き」の違いは，料理における食材と調理手順の違いに対応します。このような違いを意識し，「刺激」と「手続き」の内容を明確に分けて記述することが重要です。

3.2.2　再現性の確保

　方法を適切な詳しさで記述することは，とても重要です。なぜならば方法の記述が簡単すぎても詳しすぎても，読者に内容が伝わりにくくなるからです。では，どの程度の詳しさで方法を記述すれば良いのでしょうか。

　適切な詳しさの一つの基準は，**「方法に示された情報によって，読者が実験を再現できること」**です。これを再現性の確保と呼びます。再現性の確保は科学的な実験・研究においてきわめて重要な性質です。この再現性の確保ができているならば，その方法の記述は適切な詳しさであると言えます。

3.3　結果

3.3.1 結果に含めるべき内容

「結果」に含める内容
◆ データの解析方法 ◆ データの傾向を示す図表 　➤ 図表の説明 　➤ 図表から読み取れる傾向 ◆ 統計的検定の結果

　「結果」には，①**データの解析方法**，②**データの傾向を示す図表**，③**統計的検定の結果**を，この順に示します。

①**データの解析方法**[1]
　実験で測定された個々のデータは「生データ」とも呼ばれます。生データは数が多いため，そのすべてをレポートや論文に示すことはできません。そこで，データの全体的傾向が分かるように生データを集約・解析して示す必要があります。「結果」には，まずこのデータの集約方法や変換方法，平均値，標準偏差，比率などの求め方を示します。さらに，相関分析や回帰分析・因子分析などの多変量解析を用いた場合は，その解析手順を示します。

②**データの傾向を示す図表**
　データの解析によって得られた平均値や標準偏差などを図や表として示します。
　ここで図と表の違いを明確にしておきましょう。図は，グラフ，線画，模式図，写真などの画像による情報表現方法であり，表は数値や

---

[1] もし解析方法が複雑であり，多くの説明が必要である場合には，方法の最後に「解析方法」を設けて詳細を記述することもできます。

32

文字を格子状に配置した情報表現方法です（図 3-3）。

　レポート・論文には必要不可欠な図表だけを載せます。内容が重複する図表は載せません。すなわち，データは図か表のどちらか一方だけで示します。文章として容易に説明可能な情報を図表で表す必要はありません。また図表で示した数値を本文中に再度記述する必要もありません。

　図表は読者の理解を促進するためにレポート・論文に載せます。したがって，図表は見やすく分かりやすいことが肝要です。一般にMicrosoft Excel などのソフトウェアで作成した図表は，そのままでは見やすくありません。したがって，その図表をレポート・論文にそのまま載せてはいけません。必ず文字，線の太さ，色などを見やすく修正してから載せましょう。図表の作成方法の詳細については 6.2 で説明します。

　図や表を示した後に，本文中でその図表について必ず説明をします。特に図表から読み取れる大小関係などの傾向は必ず説明しましょう。

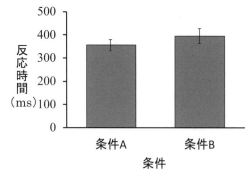

Figure 1. 反応時間の平均値と標準偏差。

Table 1
反応時間，正答率の平均値と標準偏差

	条件A	条件B
反応時間 (ms)	355.22	395.51
標準偏差	23.12	32.21
正答率	0.85	0.88
標準偏差	0.11	0.13

図 3-3．図（左）と表（右）の例

③統計的検定の結果

　図表から読み取れる大小関係などの傾向は，いわば著者の主観に基づいています。このような主観的根拠では説得力がありません。そこで，大小関係などが真に存在するという客観的根拠として統計的検定の結果を利用します（図 3-4）。

　統計的検定の結果の説明では，まず検定の目的と検定方法について説明します。次に検定の結果として，主に 3 つの情報を示します。す

なわち，**検定統計量（t 値，F 値など），自由度，p 値と有意水準の関係**です。検定統計量は，用いた解析方法によって異なります。例えば 2 つの平均値の差の検定ならば t 値，分散分析ならば F 値です。

　統計的検定の結果として統計的な有意差が示された場合，それに基づく大小関係を記述します。統計的検定の結果の詳細な書き方については 6.3 で説明します。

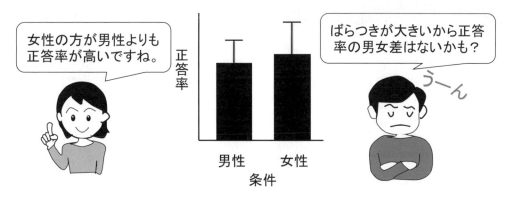

図 3-4．統計的検定の結果を示すことで説得力を持たせよう

3.4 考察

3.4.1 考察に含めるべき内容

「考察」に含める内容
◆ 研究目的・仮説への回答 　➤ 研究の目的，方法，結果の簡潔な説明および目的が達成された 　　か否か・仮説が支持されたか否か ◆ 結果の解釈・意味づけ 　➤ 先行研究との比較・検討 ◆ 本研究の限界・残された課題

　「考察」では，最初に実験の目的や仮説を簡潔に説明し，さらに，その目的や仮説に対応する結果について簡潔に説明します。

　「考察」では 2 種類の主張をします。第 1 の主張は**研究の目的に関する主張**です。すなわち目的を達成したか否か・仮説が支持されたか否かという点を，「結果」で示した統計的検定結果を根拠にして主張します。例えば，「本研究では，○○を明らかにすることを目的とし，△△による実験を行った。実験結果は▽▽であることを示しており，我々の□□という仮説を支持する。」のように，目的，結果，目的を達成したか否か・仮説を支持したか否かの順に説明します。

　第 2 の主張は**結果の解釈・意味づけに関する主張**です。実験で得たデータには，研究目的に関連するか否かにかかわらず，多くの大小関係が生じます。それぞれの大小関係がなぜ生じたかについて解釈・意味づけをしなければなりません。ただし好き勝手に解釈や意味づけをすれば良い訳ではありません。そのような主観的解釈は妥当性が低く，読者は納得しません。読者に納得してもらうためには，先行研究の結果と実験で得たデータの両方を根拠として，妥当性の高い客観的解釈をします。

　例えば，「A 条件の成績は B 条件よりも高かった。この成績の差には疲労の影響が考えられる」と解釈したとしましょう。もし先行研究に

同様な条件で疲労の効果を検証した研究があれば，その論文を根拠としてこの解釈を正当化することができます。また，著者が実験で得たデータを，前半の試行と後半の試行で分けて解析するなど，解析を工夫することで疲労の効果を具体的に検討できる場合もあります[2]。

　さらに，先行研究の結果と本研究で得られた結果との一致度から，本研究の結果の妥当性についても検討しなければなりません。もし，先行研究の結果と異なる結果が本研究で得られた場合には，その原因についても検討し記述する必要があります。「考察」の最後に，本研究では明らかにできなかった問題や限界，および今後の方向性について記述します。

　結果の解釈や先行研究との比較といった知的作業を繰り返すことで，良い考察が完成します。単に「結果が○○であった」と示すだけでは考察になりません。考察には「思考」と「洞察」が必要なのです。

3.4.2　総合考察：複数の実験をまとめて報告する場合

　ここまで実験を 1 つだけ行った場合のレポート・論文の書き方を中心に説明してきました。しかし，実際には 2 つ以上の複数の実験を報告するレポート・論文もあります。その場合，各実験の考察以外に「総合考察」を含めることが一般的です。総合考察は，通常の考察とは異なり，すべての実験をまとめて考察します。ただし，総合考察の書き方は考察と同様です。つまり，研究の目的・仮説，結果の概要，結果から示唆される事柄を順に説明し，最後に本研究の問題や限界，今後の方向性について記述します。「総合考察」の詳細な書き方については7.3で説明します。

---

[2] 研究目的に関連する解析は「結果」で示します。研究目的とはあまり関係のない解析は，「考察」で簡潔に示す場合があります。

3.5 結論

3.5.1 結論に含めるべき内容

「結論」に含める内容
◆ 研究の一番の主張・発見，実験結果から導かれる結論 ◆ 残された課題・今後の展望

　「結論」では，考察のまとめを記述します。ただし，単に考察を短くすれば良い訳ではありません。まず，研究の目的や結果の簡潔な説明を行った上で，そのレポート・論文の一番の主張・発見を中心にまとめます。そのため，「考察」の最初の段落と似た記述となりますが，より強く明確に主張・発見を示すと良いでしょう。「結論」の最後に，本研究では明らかにできなかった問題・残された課題についても簡潔に説明し，今後の展望を示しましょう。

　「序論」と「結論」を読めばレポート・論文の概要が分かるように書くことを心がけましょう。なお結論はあくまでもこれまでの考察のまとめです。「考察」でまったく議論していない事柄を「結論」に新しく加えてはいけないことに注意しましょう。

3.6　引用文献

3.6.1　引用文献に含めるべき内容

「引用文献」に含める内容
◆ 本文中で引用した文献の情報のリスト 　➢ 論文：著者名，刊行年，タイトル，雑誌名，巻号，ページ 　➢ 著書：著者名，刊行年，タイトル，出版社名

　レポート・論文の「序論」と「考察」では，先行研究を引用しながら主張を展開します。この先行研究を読者が見られるようにするために，先行研究の文献のリストをレポート・論文の最後に示します。この文献リストには，**読者が文献を入手するために必要な情報が漏れなく含まれていなければなりません。**

　通常，レポート・論文を受け取る側が文献リストの記述形式を指定します。この形式を守らないと，レポート・論文を受け取ってもらえません。必ず指定を確認し，それに従って記述しましょう。

　一般的に，文献リストに必要な情報として，論文の場合は，著者名，刊行年，タイトル，学術雑誌名，雑誌の巻号，掲載ページ番号を載せます。書籍の場合は，著者名，刊行年，タイトル，出版社名を載せます。文献リストの並べ方には，著者のアルファベット順に並べる方式と，本文で引用した順に番号をふって並べる方式があります。後者の方式は主に，情報科学や工学分野で用いられる方式であり，心理学の分野では前者の方式が用いられます。文献リストの作成方法については 9 章で詳しく説明します。

3.6.2　WEB サイトを引用しない

　先行研究の知見が根拠となり得るのは，それらが科学的に妥当な実験・調査に基づいているからです。インターネット上の Wikipedia や

ブログなどの情報は，科学的に実証されておらず，妥当とは言えない情報であることが多いため，レポート・論文において文献として引用してはいけません（図 3-5）。学術誌に掲載された論文や専門家が書いた書籍を引用するようにしましょう。

図 3-5. インターネットの情報を引用してはいけない

第 4 章

序論の書き方

```
POINT
```

◆ 研究背景と研究目的を適宜段落に分けて書く
  ➤ 研究背景：導入，現象の説明，先行研究の内容や研究方法
            の紹介，未解決な問題の指摘，本研究で用いる
            方法の説明
  ➤ 研究目的：本研究で明らかにする点，予測される結果や仮
            説の記述
◆ 各段落で最も重要な情報を最初に書く
  ➤ 各段落の最初の文をつなぐとあらすじとなるように記述

4.1 序論の書き方の基本

4.1.1 序論の構成

　「序論」は大きく**「研究背景」**と**「研究目的」**の 2 つに分けられます。「研究背景」は，さらに「導入」，「現象の説明・意義」，「先行研究」，「未解決な問題」，「研究方法」などに分けられます。一方，「研究目的」は，「研究目的」と「結果の予測」に分けられます（図 4-1）。

　「序論」では，これらの項目を適宜段落に分けながら説明します。各段落においては，最も重要な情報を最初に示しましょう。すなわち，はじめに主要な事柄・主張・結論などを説明し，その後に詳細な説明や主張・結論を支持する説明を続けます。

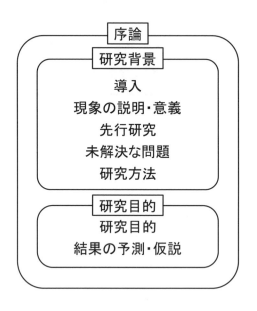

図 4-1. 序論の構成

4.1.2 身近な例を挙げて導入を書く

　「序論」では，まず本研究で対象とする現象や概念を身近な例を挙げて説明しましょう。これによって読者が研究内容をイメージしやすく

なります。その後，対象とする現象や概念を詳細に説明しましょう。

　なお，学術雑誌の論文では，この「導入」がない場合やきわめて簡潔に記述されている場合もあります。その理由は，学術雑誌の読者はその分野の専門家であり，現象や概念の知識を十分持っていることが想定されるからです。しかし，大学で課される実験レポートや卒業論文では，「導入」を省略せずに含めた方が分かりやすくなって良いでしょう。

4.1.3　先行研究を紹介する

　「先行研究」では，本研究が対象とする現象に関連する先行研究を紹介します。具体的には，その現象について，これまでの研究で**分かったこと**，そして**まだ分かっていないこと**を説明します。

　2章で述べたように，先行研究を紹介するには，多くの文献を読んで理解し，情報を整理する必要があります。特に，未解決な問題を示す場合，数本の文献だけに基づいて問題があると主張しても，読者は納得しません。先行研究を十分に収集し整理して，未解決な問題を説明しましょう。

　先行研究で用いられている実験方法や結果の概要についても説明しましょう。特に，本研究と同一あるいは類似の実験方法を用いた先行研究を読者に紹介することは非常に重要です。なぜならば，その実験方法の説明がなされていれば，読者が本研究の方法を容易に理解できるからです。また，その先行研究で得られた結果の概要を紹介することも重要です。なぜならば，それによって本研究の結果の予測を読者が容易に理解できるからです。

　なおすべての先行研究について方法や結果の概要を紹介する必要はありません。結果や方法を言及しなくても理解できる先行研究については詳細を説明する必要はなく，また本研究が対象とする現象と間接的にしか関連しない先行研究についても，その詳細を説明する必要はありません。

4.1.4　現在形の記述を基本とする

　「序論」では，現在形で記述することが基本です。しかし，例えば，「初期の研究において，○○○であることが<u>報告された</u>。しかし，最近

の研究ではこれはアーチファクトを反映していることが明らかにされている。」のように，過去に行われた研究の結果で，現在ではその結果が正しいとは考えられていない結果については過去形で記します。過去の研究で得られた知見であっても，**現在においてもその知見が正しいと認められる場合や，特に複数の先行研究で同様な知見が得られている場合は**，現在形で記述します。

　なお，特定の 1 つの先行研究に絞って説明する場合は，「瀬谷（2001）は，......について検討した。」のように過去形で記述します。

4.2 序論の各要素の書き方

4.2.1 導入と現象の説明・意義の書き方

「序論」における「導入」と「現象の説明・意義」の書き方を見ていきましょう。文例[1]を以下に示します。

文例

✓ 　様々な日常場面において私たちは視覚情報を速く正確に認識し，適切な反応行動を行っている。例えば，自動車運転時には私たちは歩行者や他車，信号などを識別し，適切な運転行動を行っている。

　視覚情報の認識から反応行動の発現までの時間間隔は反応時間と呼ばれ，視覚情報処理の時間特性を示す重要な指標として知られている（瀬谷，2010）。

導入

✓ 　自動車運転時やスポーツ場面などの様々な日常場面において，私たちは視覚情報を速く正確に認識し，適切な反応行動を行っている。この視覚情報の認識から反応行動の発現までの時間間隔は反応時間と呼ばれ，視覚情報処理の時間特性を示す重要な指標として知られている（瀬谷，2010）。

この例に示したように，「導入」と「現象の説明・意義」を，段落を分けて書く場合と，同じ段落の中で簡潔にまとめて示す場合の 2 種類の書き方があります。大学で課される実験レポートや卒業論文では導入にも十分な説明をすると良いでしょう。

---

[1] ここでは，書き方の理解に重点を置いています。そのため，文例の内容に事実と異なる内容が含まれる可能性があることに注意して下さい。

4.2.2 先行研究の書き方

　「序論」での「先行研究」の書き方について詳しく見ていきましょう。文例を以下に示します。

　文例 ────────────────

- ✓ 　先行研究において，反応時間には性差があることが報告されている。瀬谷（2017）は，ディスプレイ上にターゲット刺激を表示し，その反応時間を測定した。その結果，男性の反応時間は女性よりも短いことが明らかとなった。同様に，天野（2018）は，……。結果は，……を示した。

- ✓ 　反応時間における性差に関するこれまでの研究の結果は必ずしも一貫していない。例えば，瀬谷（2017）は，反応時間に性差があることを報告している。この実験では……。結果は，……を示した。一方，天野（2018）は，反応時間に性差がないことを報告している。この実験では，……。

　先行研究の説明でも，段落の最初に重要な情報を簡潔に示しましょう。例えば，上の文例では，最初の文を読めば，その後に続く先行研究が「反応時間に性差があることを報告した研究」であることが分かります。下の文例でも最初の文を読めば，その後に続く先行研究が「性差があることを報告した研究」と「性差がないことを報告した研究」のいずれかであることが分かります。先に重要な情報を示すことで，読者はその後の文章を読む前に内容を予測でき，理解が容易になります。特に多くの先行研究を説明する必要がある場合に，この書き方は威力を発揮します。

　「序論」と「考察」の両方で言及する先行研究については，方法や結果の概要を紹介すると良いでしょう。どのような情報を示すと読者の理解を助けるかを考えながら執筆しましょう。

4.2.3 未解決な問題の書き方

「序論」で「未解決な問題」を指摘するときの文例を以下に示します。

文 例

✓ 　従来研究では特に手による反応時間に着目してその性差の影響が検討されている。しかし下肢による反応時間の性差については検討されていない。

> ①未検討の問題

✓ 　上述したように，従来研究の知見は一貫しておらず，反応時間における性差の影響は必ずしも明らかではない。ただし，先行研究では異なる手法が用いられているため，それらの結果を直接的に比較することは困難である。例えば，……（先行研究での方法の違いの説明）。

> ②先行研究間の矛盾

✓ 　先行研究の多くでは実験参加者の年齢に大きなばらつきがある。したがって，性差のみならず年齢の効果が混在している可能性がある。

> ③先行研究の再検討

　未解決な問題は，**①未検討の問題**，**②先行研究間の矛盾**，**③先行研究の再検討**の 3 種類に分けられます。実際のレポート・論文では，この中のいずれか 1 種類の問題を示す必要があります。もちろん複数の種類の問題を示すことも可能です。

①未検討の問題

　検討されていない問題が明らかな場合，それを指摘するのが良いでしょう。ただし**単に検討されていないだけでは研究の必要性や動機にはならない**ことに注意しましょう。例えば，「風が吹けば本当に桶屋が

儲かるのかどうかは検討されていない」と指摘したとしても，「これを
調べる必要があるのか？」と読者は思うかもしれません。研究の必要
性・重要性をきちんと説明し，検討すべき問題であることを主張しま
しょう。

②先行研究間の矛盾

　ある現象について多くの先行研究がある場合でも，先行研究の間で
結果が矛盾している場合には，その現象について未解決な部分がある
と言えます。また，モデルや理論から予測される結果が先行研究の実験
結果と矛盾する場合なども，これに該当します。この場合は，矛盾が生
じた理由やその解決方法を提案することで，研究の必要性を主張でき
ます。どの研究結果やモデルが正しいかを明らかにするのではなく，ど
の研究結果やモデルも正しいという前提で，矛盾が生じた要因を特定
することを目的とします。

　先行研究間で矛盾が生じた理由として，実験方法の違いを指摘する
ことが一般的です。具体的には，実験で用いた刺激や反応方法，実験環
境，参加者などの違いが挙げられます。方法の違いを単に挙げれば良い
のではなく，その違いが結果に影響を与える可能性があることを説明
しましょう。

③先行研究の再検討

　既に明らかになっている現象でも，先行研究の方法に不備がある場
合や結果に他の要因が混在している場合には，先行研究の知見を再検
討する必要があります。また，技術の発展に伴い，より正確に現象の計
測が可能となった場合などでも，先行研究の結果の再検討には意味が
あります。

　先行研究の不備や技術的な制約を指摘する場合でも，先行研究の結
果を全面的に否定するのではないことに注意しましょう。通常，先行研
究は厳格な査読を経て論文が雑誌に掲載されています。そのため，先行
研究に深刻な不備や明らかな誤りはまずありません。それでもなお，結
果に影響しそうな不備や要因が指摘できる場合には，先行研究を尊重
した上で，その不備を指摘しましょう。

4.2.4 研究方法の書き方

先行研究では用いられていない研究方法を用いて実験を行う場合など，本研究で用いる研究方法の説明が重要な場合は，それを「序論」で説明します。また，実験レポートや卒業論文では教育的観点から研究方法を詳しく説明することが求められる場合があります。研究方法の文例を以下に示します。

文例

✓　本研究で用いるデッドライン法は，反応時間の上限値を設定し，参加者に上限値の時間以内に反応することを求める手法である（瀬谷，2009）。この手法を用い反応時間の上限値を定めれば，反応時間の短縮または延長が定量的に実験的に操作可能となる。

✓　視線追跡型刺激呈示法は，視線計測から得られた視線の位置に基づいて刺激を呈示する方法である（瀬谷，2010）。この方法では，視野の位置の影響を最小限に抑えながら，反応時間を計測することが可能である。

4.2.5 研究目的の書き方

「研究目的」では，「研究目的」と「予測される結果」を順に説明しましょう。これらに加えて，本研究の方法を簡潔に記述することも可能です。設定された問題によって，研究目的は以下のように書き方が異なります。

文例

✓　以上を踏まえ，本研究では，下肢による反応時間における性差の検討を目的とする。もし……であれば，……が予測される。

①未検討の問題

✓　本研究では，瀬谷（2017）と天野（2018）の手法を組み合わせることで，反応時間での性差に影響する要因を明らかにすることを目的とする。具体的には，反応の速さと正確さに関する教示を操作し，手によるボタン押し反応と口頭による音声反応を用いて，……。……であれば，……が予測される。

✓

②先行研究間の矛盾

✓　本研究では，反応時間における性差と年齢の影響を検討することを目的とする。実験では，20歳から30歳までの若齢群と40歳から50歳までの中年群を設定し，……。……であれば，……が予測される。

③先行研究の再検討

4.3　序論の悪例と良例

　ここでは「序論」の悪例とその問題点について説明します。その後，問題点を改善した良例を示します。

4.3.1　序論の悪例

> **序論の悪例1：**
>
> **1．序論**
> 　視力①は，物体を見る上で重要である②。本研究では，心理物理学的測定法を会得することを目的とし③，恒常法①を用いて視力を測定する。④

①専門用語が説明されていません。
　「視力」や「恒常法」といった専門用語の定義・説明が必要です。また，読者が内容をイメージしやすい導入を「序論」の最初に追加しましょう。

②「重要である」ことの根拠が示されていません。
　重要性が分かる事例や文献を挙げながら説明する必要があります。

③目的が不適切です。
　「心理物理学的手法を会得する」のように，著者の個人的な必要性・重要性は目的として不適切です。

④記述内容が不十分です。
　「序論」がたったの数行では，あまりにも内容が薄く不十分です。また先行研究も紹介されていないため「序論」の体をなしていません。先行研究を紹介し，研究の意義を明確にしましょう。

序論の悪例 2：

1．序論

　自動車運転時には私たちは歩行者や他車，信号などを識別し，適切な運転行動を行っている。また，スポーツ場面では，敵や味方，ゴール，ボールなどの視覚からの情報に基づいて，適切な行動を選択している。このように，様々な日常場面において私たちは視覚情報に基づいて適切な反応行動を行っている①。

　視覚情報の識別能力を表す指標の 1 つとして視力が知られている。視力は 2 つの点を見分けることができる最小の間隔（最小分離閾）の逆数として定義される。本研究では，恒常法を用いて，視力における環境要因，すなわち照度の影響を検討することを目的とする②③④。

　恒常法とは，精神物理学的測定法の 1 つであり，閾値の計測に用いられる手法である。この手法では，あらかじめ選定された複数の強度の刺激をランダムに参加者に呈示する。参加者の反応の確率と刺激の強度の関係から閾値を求める。

---

①重要な情報が段落の最後に示されています。

　一番重要な情報を段落の最初に示しましょう。

②先行研究の紹介と未解決の問題が説明されていません。

　読者には何が未解決な問題なのか，なぜ照度の影響を検討しなければならないのかが分かりません。先行研究を紹介し，照度の検討の重要性を明確にしましょう。

③研究背景と研究目的が同じ段落に含まれています。

　「研究背景」と「研究目的」が明確に区別されて示されていないと分かりにくくなります。中見出しを用い，両者を明確に分けましょう。

④予測される結果や仮説の説明がありません。

　予測される結果や仮説を明確に示しましょう。

4.3.2 序論の良例

悪例2の修正例:

1. 序論
1.1 研究背景 ／ 中見出しを挿入

　様々な日常場面において私たちは視覚情報に基づいて 重要な情報 を先に記述
適切な反応行動を行っている。例えば，自動車運転時に
は私たちは歩行者や他車，信号などを識別し，アクセル，
ブレーキ，ハンドルなどを適切に操作している。また，
スポーツ場面では，敵や味方，ゴール，ボールなどの視
覚からの情報に基づいて，適切な行動を選択している。

　視覚情報の識別能力を表す指標の1つとして，視力が
知られている。視力は2つの点を見分けることができる
最小の間隔（最小分離閾）の逆数として定義される（瀬
谷，2000）。

　視力は，加齢やそれに伴う眼疾患などの身体的要因の 説明と文献 を追加
影響（瀬谷，2001）および照明などの環境要因の影響（瀬
谷，2000）を受けることが知られている。例えば，天野
（2010）は，照度が視力に及ぼす影響を検討し，照度の
低下に伴って視力が低下することを報告した。この研究
では……。

　これまでの研究では照度が視力に及ぼす影響につい 未解決な問 題を追加
て検討されてきた。しかし，従来研究では，特に低照度
環境での視力に着目しており，中照度および高照度が視
力に及ぼす影響については十分な検討がなされていな
い。それ故，……。

　恒常法とは，……。

1.2 研究目的 ／ 中見出しを挿入

　本研究では，恒常法を用いて，中照度および高照度も
含めた照度が視力に及ぼす影響を検討することを目的と
する。

　照度の低下により視力が低下するならば，照度の増加は視力を向上することが予測される。つまり，中照度から高照度になるにつれて，視力は向上することが予測される。

結果の予測を追加

各段落の最初の文だけを抜き出すと序論のあらすじになるよ。

第 5 章

方法の書き方

◆ 実験参加者，装置，刺激，手続きに分け，この順に説明する
  ➤ 実験参加者：人数，性別，年齢などを示す
  ➤ 装置：装置の製造会社，型番，性能などを示す
  ➤ 刺激：刺激の性質，種類，数，作成方法などを示す
  ➤ 手続き：刺激呈示方法，教示，試行数などを時間の流れに
       沿って示す
◆ 実験者を暗黙の主語として，実験者の目線で書く
  ➤ 必要に応じて図表を活用し，分かりやすく説明する

5.1 方法の書き方の基本

5.1.1 方法の構成

「方法」は**「実験参加者」,「装置」,「刺激」,「手続き」**の 4 項目で構成し（図 5-1），この順に説明します。**刺激呈示方法や参加者の反応方法などは「手続き」の項目において記述し，その他の項目においては記述しない**ことに注意しましょう。「方法」では，実験の再現に必要な情報を漏れなく記載します。そのため，単純な実験であっても非常に多くの説明が必要です。

「実験参加者」では，参加者の性質，男女の人数および全体の人数，年齢の平均値と標準偏差などを説明します。一般に実験の前に参加者に実験内容を説明し，参加者から実験参加への同意・承諾を得る手続きを経なければなりません。この事前の実験内容の説明と参加への同意を「インフォームドコンセント」と呼びます。参加者からこの参加の同意を口頭または書面で得たことを文中に示しましょう。

「装置」では，実験で用いた装置の製造会社や特徴を詳細に記述します。質問紙のみを用いた実験・調査などでは「装置」ではなく「質問紙」という見出しを使うことがあります。

「刺激」では，実験で用いた刺激の性質，種類，数，または作成方法などを記述します。

「手続き」では，装置や刺激を用いて，どのように参加者に刺激を呈示し，それに対して参加者がどのように反応したのかといった具体的な実験課題の操作・手順を説明します。また教示の内容や呈示方法，試行回数，休憩の有無などについても説明します。

なお，実験は過去の時点で完了した出来事なので，原則として，**過去形で方法を記述**します。ただし図や表を指し示す場合は，「Figure 1 は……を示す。」のように現在形を用います。また方法の内容は箇条書きではなく，**文章で記述することが原則**です。

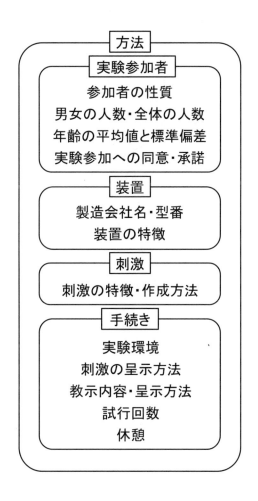

図 5-1.　方 法 の 構 成

5.1.2　図表を活用する

　実験方法を正しく理解できなければ，読者はその実験を怪しい実験だと思ってしまいます。このような事態を避けるために，図表も活用しながら丁寧に方法を説明しましょう。

　実験に用いた刺激や装置，実験の全体の流れ，各試行の流れなど，図によって視覚的に示すと分かりやすくなります（図 5-2）。刺激の特性を表す細かな情報などを表で示すのも良いでしょう。ただし，刺激や実験スケジュールが非常に単純であり，文章で十分に説明できる場合には，図表を用いて示す必要はありません。

56

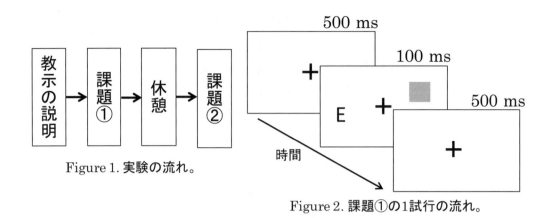

Figure 1. 実験の流れ。

Figure 2. 課題①の1試行の流れ。

図 5-2. 実験や試行の流れを示す図の例

5.2　方法の各要素の書き方

5.2.1 実験参加者の書き方

「実験参加者」の文例を以下に示します。

文例

✓　大学生 20 名（男性 10 名，女性 10 名）が実験に参加した。平均年齢は 20.5 歳（標準偏差 1.0 歳）であった。すべての参加者の視力は正常範囲内であった。実験の前にすべての参加者から参加の同意を書面にて得た。

✓　20 歳から 30 歳までの若齢群 20 名（男性 10 名，女性 10 名）と，40 歳から 50 歳までの中年群 20 名（男性 10 名，女性 10 名）が実験に参加した。平均年齢はそれぞれ，24.5 歳および 45.5 歳，標準偏差は 1.0 歳と 1.5 歳であった。すべての参加者の視力は正常範囲内であった。また，実験の前にすべての参加者から参加の同意を書面にて得た。

「実験参加者」では，参加者の性質，男女の人数および全体の人数，年齢の平均や標準偏差を説明します。その他，実験参加への同意の有無（インフォームドコンセントの取得）や，必要に応じて，研究に関連する能力（スポーツ競技歴，語学能力，視力，聴力など）や報酬の有無などを説明します。

5.2.2　装置の書き方

「装置」の文例を次に示します。

　視覚刺激の生成と呈示にコンピュータ（DELL, Vostro 3900）とモニタ（EIZO, FlexScanSX2462）を用いた。モニタの解像度は 1024×768 pixel であり，リフレッシュレートは 100 Hz であった。

　参加者が注視刺激を固視していることを確認するために，視線計測装置（NAC, EMR-8B）を用いた。サンプリングレートは 60 Hz であり，最小分解能は 0.1° であった。

　データの分析には，統計ソフト SPSS（IBM, Version 24）を用いた。

　「装置」では，実験で用いた装置や質問紙，ソフトウェアなどを説明します。以下に装置として説明すべき項目の一覧を示します。

装置として説明すべき項目

① **実験実施時に用いた装置**
　コンピュータ，モニタ，ヘッドフォン，キーボード，マウス，質問紙，プログラミングソフトなど

② **刺激作成時に用いた装置・ソフトウェア**
　デジタルカメラ，編集ソフト，データベースなど

③ **データ解析時に用いた装置・ソフトウェア**
　統計ソフトなど

　刺激を作成する際に用いた装置やソフトウェア，統計解析で用いたソフトウェアなども説明することに注意しましょう。もし既存のデータベースなどに収録された写真や動画を用いた場合には，データベー

ス名やそのデータベース内で割り当てられている番号などを記述しましょう。

　装置を説明するには，**装置名**，**会社名**，**型番**の 3 つの基本情報を記述しましょう。また，その装置を**用いた理由や目的**も記述しましょう。

　実験結果に影響を及ぼすと考えられる**装置の性能**についても記述しましょう。例えば，表示速度（リフレッシュレート）は映像の滑らかさに影響する重要な特性です。そのため，動画を用いた実験では，ディスプレイのリフレッシュレートを記述すべきです。また，静止画であっても，例えばランドルト環のような識別の細かさを計測するための刺激では，ディスプレイの解像度は重要な特性と言えます。説明すべき装置の性能については，先行研究を参考にしましょう。

　実験結果への直接的影響があるとは考えられない紙やペン，机などの一般的な機材を装置として記述する必要はありません。その性能などが実験結果に影響する機材のみを記述しましょう。

5.2.3　刺激の書き方

　「刺激」の文例を次に示します。

文例

　注視刺激，ターゲット刺激，および背景で刺激を構成した。注視刺激は黒色の十字であり，その輝度は 2.0 cd/m^2 であった。大きさは，$1° \times 1°$ であった。ターゲット刺激は，……。

　刺激の種類によって説明すべき内容が変わります。視覚刺激を用いた場合には，刺激の形状，大きさ，輝度などを記述する必要があります。聴覚刺激を用いた場合には，音の周波数，音圧レベル，時間長などを説明します。刺激の特性をどの程度詳しく説明するかについては，先行研究を参考にすると良いでしょう。

5.2.4　手続きの書き方

「手続き」の文例を次に示します。

> ### 文例
>
> 　暗室にて実験を行った。5 分間の暗順応の後に，練習試行を行い，実験参加者が課題を理解したことを確認した後に本実験を行った。
>
> 　各試行のはじめに注視刺激を画面中央に 1 秒間表示し，その後，ターゲット刺激を画面中央に表示した。参加者に対し，まず注視刺激を凝視し，その後，ターゲット刺激が出現したらできる限り速く反応ボタンを押すように教示した。
>
> 　実験の試行数は各条件につき 30 試行の計 120 試行であった。各条件の実施順序はランダムとした。疲労の影響を軽減するために，30 試行ごとに 2 分間の休憩を設けた。

　「手続き」では，実験の手順や課題の流れを時系列に沿って説明することが原則です。ただし，説明が非常に複雑になるなどの場合には，時系列が前後してもかまいません。また実験者を暗黙の主語とし，**実験者の目線による能動態で手続きを書く**と良いでしょう。すなわち「○○刺激が呈示された」ではなく，「○○刺激を呈示した」と書きます。

　手続きでは，実験者が実験参加者に与えた教示も説明します。教示は実験参加者の反応に強く影響するため，できる限り正確に記述する必要があります。ただし，教示を直接話法で示すことは避け，間接話法で記述します。すなわち直接話法で「教示は『刺激が見えたらできるだけ速くボタンを押してください』であった」と書くのではなく，間接話法で「刺激が見えたらできる限り速くボタンを押すように教示した」とします。「手続き」には，実験条件の実施順序や休憩の有無，事前の練習など，参加者の反応に影響する要因についても必ず記述しましょう。

5.2.5　図表の説明の書き方

　図表の説明の文例を以下に示します。

──── **文 例** ────────────────────────

✓　　Figure 1 に実験で用いた課題の模式図を示す。図に示すように，注視刺激とターゲット刺激，背景より刺激を構成した。

✓　　Table 1 に実験で用いた質問項目を示す。質問項目を 20 項目で構成し，最初の 5 項目は……に関する項目であり，次の 5 項目は，……であった。

　レポート・論文で図表を示したならば，上記の文例のように本文中でその図表について必ず言及します。ただし，本文中で図表の数値を改めて記述することは，情報の重複となるので避けましょう。

5.3 方法の悪例と良例

　ここでは「方法」の悪例とその問題点について説明します。その後，問題点を改善した良例を示します。

5.3.1 方法の悪例

方法の悪例 1：

2. 方法
2.1 実験参加者
　大学生 10 名②。　　　　　　　　　　　　　①

2.2 装置
　実験で用いた装置は以下のとおりである。
　・パーソナルコンピュータ③。
　・ディスプレイ③。
　・キーボード③。
　・マウス③。
　・顎台③。

2.3 刺激
　実験課題で用いた刺激は以下より構成された。
　・注視点④。
　・ランドルト環④。
　・背景④。

2.3 手続き
　実験は照明の照度が調節可能な実験室にて行った。実験参加者にはランドルト環が表示された場合にできる限り正確にギャップの方向

をキー押しにて答えるように教示した。試行数は 300 試行であった。
照度条件は 100 lx，500 lx または 1000 lx であった。本実験の前に練
習試行を行った⑤。

①文章になっていません。

　方法をすべて文章で記述することが大原則です。つまり，主語・述語
の省略や体言止めはやめましょう。装置や刺激が箇条書きである点も
問題です。

②実験参加者の情報が記述されていません。

　実験参加者の情報として，参加者の性質（職業，大学生など），男女
の人数，年齢の平均値と標準偏差を必ず記述しましょう。また参加への
同意の有無や，必要に応じて，実験に関連する特性（運転歴，語学レベ
ルなど）を記述しましょう。

③装置の製造会社名および型番が記述されていません。

　装置の情報として，製造会社名と型番を記述する必要があります。
「（会社名，型番）」のように，丸括弧の中に会社名と型番を記述しま
しょう。必要に応じて，装置の性能（例えば，ディスプレイの解像度
など）についても説明しましょう。

④刺激の詳細が記述されていません。

　刺激の形や大きさ，色，輝度など，刺激の詳細を説明しましょう。

⑤実験のスケジュール，課題の流れが説明されていません。

　手続きでは実験全体のスケジュールや課題の流れを説明する必要が
あります。必要に応じて模式図を作成し，分かりやすく丁寧に説明し
ましょう。

方法の悪例 2：

2．方法
2.1 実験参加者

大学生 10 名（男性 5 名，女性 5 名）が実験に参加した。参加者の平均年齢は 21.4 歳，標準偏差は 1.0 歳であった。実験の前にすべての参加者から参加の同意を書面にて得た。

2.2 装置

実験の制御および刺激の表示，反応の計測には，パーソナルコンピュータ（DELL，Vostro 3900）を用いた。参加者より前方 60 cm に設置したディスプレイ（EIZO，FlexScanSX2462）上に刺激を表示した。ディスプレイの解像度は 1024 × 768 pixel であった。ディスプレイから参加者までの距離は顎台（竹井機器工業，TKK930a）を用いて固定した。参加者の反応の計測にはキーボード（DELL，SK-8115）を用いた。実験プログラムの作成には MATLAB（MathWorks）を用いた。

2.3 刺激

Figure 1 に実験で用いた課題の模式図を示す。Figure1 に示すように，課題では，グレーの背景（輝度 55.5 cd/m²）の中央に縦横 1°×1° の黒の注視刺激（十字，輝度 1.5 cd/m²）を表示した。1 秒経過後，ランドルト環を画面中央に 0.1 秒間表示し，その後消失した。ランドルト環の大きさは……①。

----- （Figure 1 省略）-----

2.4 手続き

照明の照度調節が可能な実験室にて実験を行った。照度を 100 lx，500 lx，1000 lx のいずれかに設定した。参加者は右目のみを使って刺激を観察した。参加者に注視刺激を正確に凝視することを教示した。また，ランドルト環が表示された後に，ランドルト環のギャップ

をキー押しにて，できる限り正確に答えるように参加者に教示した②。100試行を1ブロックとし，3ブロックの計300試行を行った。1ブロック内では，照度条件を固定とし，ランドルト環のギャップサイズおよび方向を各試行でランダムに選択した。照度条件の実施順序は参加者間でランダムであった。本実験の前に練習試行を行い，参加者が課題を理解した後に実験を行った。各ブロックの実施の前に5分間の順応時間を設けた。疲労の影響を軽減するために，ブロックごとにおよそ5分の休憩を入れた。③

①刺激と手続きを混同しています。

「刺激」では**用いた刺激の情報のみ**を説明します。刺激をどのように操作し，どのような順番でディスプレイに表示したかなどの手順はすべて「手続き」で説明します。

②課題の説明がありません。

「手続き」に課題の説明がなく，教示のみが説明されているため，読者は課題を理解することができません。

③1つの段落に複数の事柄が説明されています。

1つの段落に，実験環境，課題の教示，試行数，休憩など，様々な情報が含まれているため，分かりにくくなっています。情報の種別ごとに段落を分けて説明しましょう。

5.3.2 方法の良例

悪例2の修正例：

2. 方法
2.1 実験参加者
　大学生10名（男性5名，女性5名）が実験に参加し

66

た。参加者の平均年齢は 21.4 歳，標準偏差は 1.0 歳であった。実験の前にすべての参加者から参加の同意を書面にて得た。

2.2 装置

刺激の生成および参加者への呈示，参加者の反応の計測には，パーソナルコンピュータ（DELL，Vostro 3900）を用いた。参加者より前方 60 cm に設置したディスプレイ（EIZO，FlexScanSX2462）上に刺激を表示した。ディスプレイの解像度は 1024 × 768 pixel であった。ディスプレイから参加者までの距離を，顎台（竹井機器工業，TKK930a）を用いて固定した。参加者の反応の計測にはキーボード（DELL，SK-8115）を用いた。実験プログラムの作成には MATLAB（MathWorks）を用いた。

2.3 刺激

Figure 1 に実験で用いた課題の模式図を示す。Figure 1 に示すように，注視刺激とランドルト環および背景より刺激を構成した。注視刺激は黒の十字であり，その大きさは縦横 1° × 1° であった。線の太さは 0.1° であった。輝度は 1.5 cd/m² であった。

ランドルト環の大きさは，……。輝度は……。色は黒色であった。ギャップの方向は上下左右のいずれかであった。

背景の大きさは，……。輝度は 55.5 cd/m² であり，色はグレーであった。

----- （Figure 1 省略）-----

2.4 手続き

照明の照度調節が可能な実験室にて実験を行った。照度を 100 lx, 500 lx, 1000 lx のいずれかに設定した。参

［欄外：刺激の説明のみ／適宜段落を分ける］

加者は右目のみを使って刺激を観察した。

　各試行の始めに，画面中央に注視刺激を 1 秒間表示した。その後，画面中央にランドルト環を 0.1 秒間表示し，その後，ブランク画面を表示した（Figure 1）。

1 試行の流れを説明

　参加者には，注視刺激を正確に凝視することを教示した。また，ランドルト環が表示された後に，ランドルト環のギャップの方向をキー押しにてできる限り正確に答えるように教示した。

　100 試行を 1 ブロックとし，3 ブロックの計 300 試行を行った。1 ブロック内では，照度条件を固定とし，ランドルト環のギャップサイズおよび方向を各試行でランダムとした。参加者間で照度条件の実施順序をランダムとした。

適宜段落を分ける

　本実験の前に練習試行を行い，参加者が課題を理解した後に実験を行った。各ブロックの実施前に 5 分間の順応時間を設けた。疲労の影響を軽減するために，ブロックごとに 5 分の休憩を入れた。

第 6 章

結果の書き方

POINT

◆ データの解析方法，図表，統計的検定の結果を記述
  ➢ データの解析方法：生データの具体的な解析方法を示す
  ➢ 図表：解析結果を図表で表し，大小関係・傾向を示す
  ➢ 統計的検定の結果：検定の目的，種類，検定結果を示し，
        結果に基づく有意な大小関係・傾向を
        説明する
◆ 見やすい図表を作成
  ➢ 図：大小関係や傾向を読み取りやすく示す
  ➢ 表：縦線を使わずに横線のみで作成する

6.1 結果の書き方の基本

6.1.1 結果の構成

結果では，「**データの解析方法**」，「**データの傾向を示す図表**」，「**統計的検定の結果**」の 3 項目を説明します（図 6-1）。

「データの解析方法」では，実験で得られたデータ（生データ）をどのように解析・処理し，図表としてまとめたかを，読者が具体的に理解できるように説明します。

「データの傾向を示す図表」では，解析によって得られた結果を図や表として示します。データの大小関係や傾向を文章のみで説明すると，読者はそれらを具体的にイメージできません。図や表を用いて，視覚的に大小関係や傾向を示すことで，読者は内容を容易にイメージできます。図表の作成方法については 6.2 で詳しく説明します。

「統計的検定の結果」では，著者が図表から読み取った大小関係や傾向について，その根拠となる統計的検定結果を示します。統計的検定結果の記述方法にはルールがあるので，それに沿って説明をします。統計的検定結果の書き方については 6.3 で詳しく説明します。

「方法」とは異なり，結果では「データの解析方法」，「データの傾向を示す図表」，「統計的検定の結果」に，見出しを付けて記述する必要はありません。ただし，読者の理解を助けるために，これらの項目を段落に分けて記述しましょう。

また，「方法」と同じく，**原則として過去形で結果を記述**します。ただし図表を指し示す場合のみ「Figure 1 に……を示す。」のように現在形を用います。

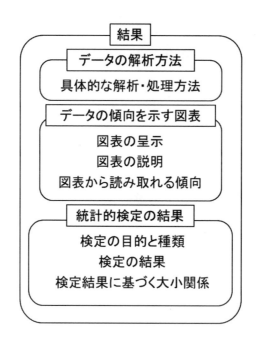

図 6-1. 結果の構成

6.1.2　解析方法の書き方

　人を対象とする心理実験では，実験参加者に正しく教示を与え，練習を行わせたとしても，誤解や疲労などの様々な要因によってデータにノイズが入ることがあります。また例えば反応時間の実験などでは，実験参加者が「反応の正確性を低くすることで反応を速くする」という方略を取ることによって，データにバイアスが生じる場合があります。ノイズやバイアスによる外れ値がある場合に，客観的な基準に従ってそれを除外してから解析することがあります。もし除外するデータがある場合には，解析方法の最初にそれを説明します。ただし，このような除外行為は，実験者が主観的にデータを歪めて都合の良い結果を得ようとする不正行為につながる可能性が高いので，その実施は十分に慎重かつ抑制的であるべきです。

　解析方法の記述では，「方法」と同様に，読者が同じ方法でデータを解析できるように具体的かつ詳細に説明しましょう。もし先行研究と同じ解析方法を用いてデータを解析する場合には，その論文を引用として示しましょう。

解析方法の文例を以下に示します。

文例

✓　　得られたデータから誤答試行のデータを除き，各参加者において反応時間の平均値を求めた。その後，全参加者の平均値と標準偏差を求めた。

✓　　参加者ごとに正答試行数を全試行数で割り，正答率を求めた。さらに各条件において全参加者の正答率の平均値と標準偏差を算出した。

✓　　ターゲット刺激の表示前 100 ms 以内に注視刺激から視線が 1° 以上離れた試行を解析から除外した。その後，各参加者において反応時間の平均値および正答率を条件ごとに求めた。

✓　　反応の速さと判断の正確性との間にトレードオフが存在する可能性があるので，各参加者の平均反応時間と誤答率の相関係数を条件ごとに算出した（瀬谷・天野，2010）。

6.2 図表

6.2.1 図表の基本

　図は，グラフ，線画，模式図，写真などの画像による情報表現であり，表は格子状に配置した数値や文字による情報表現です。図は数値の大小関係や相関関係など，データ間の関係を視覚的に示す場合に有効です。一方，表は正確な数値を示す場合に有効です。図表を用いる場合，以下の原則を必ず守りましょう。

図表の原則

　原則 1：図表の数は必要最低限にする
　　　　　重要でない図表をレポート・論文に入れてはいけません
　原則 2：図と表で同じ情報を示さない
　　　　　実験結果などの情報を図か表のどちらか一方のみで示します
　原則 3：図表と本文で同じ情報を示さない
　　　　　図表の数値などを本文に重複して記述してはいけません

　図表を本文に挿入する場合，その前後に 2 行程度の空行を入れて見やすくしましょう。また図には「Figure 1, Figure 2,……, 」，表には「Table 1, Table 2,……, 」のように通し番号を付けましょう。

6.2.2　方法と結果における図表の違い

　レポート・論文では，主に「結果」で図表を用います。ただし，「方法」でも図表を用いることがあります。両者の図表では以下の相違点があることに注意しましょう。

　「方法」で示す図表は**刺激や課題の概要を伝えること**に重点が置かれます。そのため，刺激の全体的な配置・性質や課題の流れを示す模式図，実験装置や実験状況の写真などが用いられます。これらの図表に詳細な情報は必要ありません。例えば，実験で縦横 4 cm の四角形を画面に表示した場合に，図として縦横 4 cm の四角を掲載する必要はなく，模式図で十分です。

　「結果」で示す図表は**実験で得たデータを正確に伝えること**に重点が置かれます。すなわち**数値の大小関係や傾向が正確に読者に伝わる**ように図表を作成することが重要です。小さな差を大きく見せたり，不必要な装飾を施したりなど，読者を混乱させる図表はいけません。なお複数のデータを同種の図で別々に示す場合は，**図のサイズや軸の範囲を統一**し，異なる図のデータ間でも比較が容易となるようにします。

6.2.3　図の構成要素

　図は，**①図本体**，**②軸ラベル**，**③凡例**，**④キャプション**から構成されます（図 6-2）。以下にそれぞれについて説明します。

①図本体

　図本体はデータの解析で得られた平均値や標準偏差などの情報を示す部分です。散布図などの一部の図を除けば，通常，従属変数を縦軸とし，独立変数を横軸および凡例とします。

②軸ラベル

　軸ラベルには縦軸・横軸の変数名を示します。変数の単位は丸括弧の中に示します。

③凡例

　独立変数が 2 つある場合，一方の独立変数を横軸に，他方の独立変数を凡例に割り当てます。凡例は図本体の中の余白または外側に配置します。

④キャプション

　キャプションは図に添える簡潔な説明文です。なお，心理学の実験レポート・論文では「図」ではなく，「Figure」を使います。

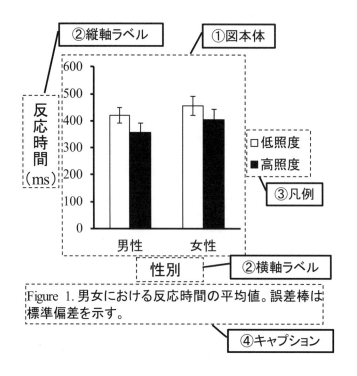

図 6-2．図の基本要素

6.2.4　図の作り方

　「結果」で示す図を作成する場合，まず **Microsoft Excel や解析ソフトなどを用いて原図を作成**します。3 章でも説明したように，Microsoft Excel などで作成した原図は，そのままではレポート・論文の図として適していません。以下に説明する様々な調整が必要です。

　まず図の全体をカラーではなく，白黒にします。縦軸・横軸を太く（2ポイント以上），図中の数値・文字を 32 ポイント以上，縦軸・横軸の軸ラベルを 40 ポイント以上にします[1]。用いるフォントをゴシックや

---

[1] Microsoft Excel や解析ソフトで図を作成する際の数値や文字の大きさの目安であり，実際のレポート・論文での図中の数値や文字のサイズではありません。

Arial などの線が太いフォントとし，明朝や Times New Roman などの線の細いフォントは避けましょう。

　図の目盛線や外枠を削除します。小数点を含む数値を用いる場合には，小数点以下の桁数を統一します。日本語の場合，縦軸ラベルを縦書きとします。ただし，単位は丸括弧を使って横書きで示します[2]。

　キャプションは図本体の下部に配置し，左揃えとしましょう。なお「Figure 1」の「Figure」と「1」の間に半角スペースを入れることに注意して下さい。

6.2.5　図の種類

　「結果」で示す図には，**①棒グラフ**（図 6-3），**②折れ線グラフ**（図 6-4），**③散布図**（図 6-5）などがあります。以下にそれぞれの特徴および作成のポイントを示します。

①棒グラフ

　棒グラフは，棒の長さによって値の大小を示すグラフです（図 6-3）。通常，縦向きの棒グラフを作成します。棒グラフは性別（男性・女性）や年齢群（若齢者・高齢者）のように，**独立変数が離散量である場合**に利用します。棒グラフでは，横軸の目盛を表示しないことに注意しましょう。

---

[2] テキストボックスなどの機能を利用して，単位を図中に挿入しましょう。

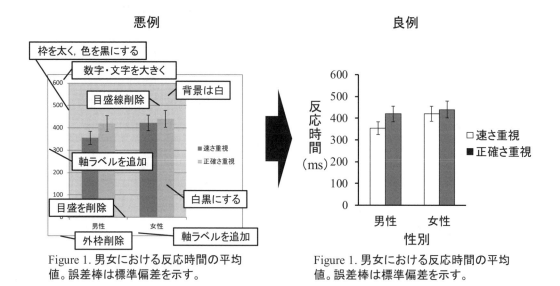

悪例　　　　　　　　　　　　　良例

Figure 1. 男女における反応時間の平均
値。誤差棒は標準偏差を示す。

Figure 1. 男女における反応時間の平均
値。誤差棒は標準偏差を示す。

図 6-3. 棒グラフの悪例[3]（左）と良例（右）

　棒グラフでは，棒の長さで平均値を示し，誤差棒（エラーバー）で標準偏差を示します。原則として誤差棒を上下両方向に示しましょう。

②折れ線グラフ

　折れ線グラフとは，点（マーカー）の位置によって値を示し，その各点を直線でつないだグラフです（図 6-4）。折れ線グラフは**独立変数が連続量である場合に利用**します。Microsoft Excel で折れ線グラフを作成する場合，メニュー中の「折れ線グラフ」ではなく，**「散布図」を指定して作成**しましょう。Microsoft Excel の「折れ線グラフ」では，横軸の変数が離散量として認識され，不等間隔のデータであっても等間隔に配置されてしまうので正確な折れ線グラフにはなりません。

　折れ線グラフでは，マーカーの位置で平均値を示し，誤差棒の長さで標準偏差を示します。一般的に誤差棒は上下両方向に示します。ただし，多くのデータを同時に示す場合には，誤差棒が重ならないように上下いずれか一方向のみを示すこともあります。

---

[3] Microsoft Excel では通常色のついた図が作成されます。

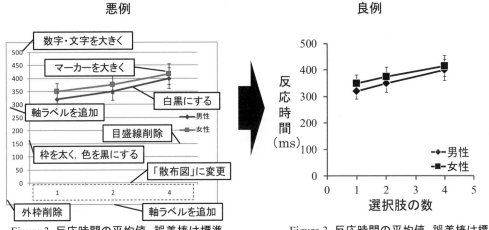

Figure 3. 反応時間の平均値。誤差棒は標準偏差を示す。

Figure 3. 反応時間の平均値。誤差棒は標準偏差を示す。

図 6-4．折れ線グラフの悪例[4]（左）と良例（右）

③散布図

散布図とは，マーカーの位置によって 2 種類の変数の値を示すグラフです（図 6-5）。散布図ではマーカーを線でつなぎません。散布図は主に，2 つの変数の相関関係を示す場合に用いられます。

散布図では，マーカーの位置によって 2 つの変数の平均値を示す場合もあります。この場合，各変数の標準偏差を縦方向および横方向の誤差棒で示します。

---

[4] Microsoft Excel では通常色のついた図が作成されます。

78

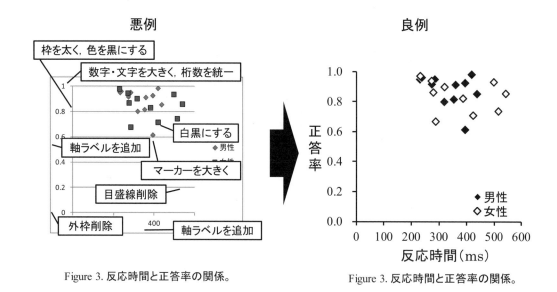

図 6-5. 散布図の悪例[5]（左）と良例（右）

6.2.6　図中での条件の表現方法

　図は白黒で作成することが原則であるため，色以外の情報で各条件の結果を区別して表示する必要があります。

　棒グラフでは，条件の区別に塗りつぶしの明るさを利用します。すなわち，白，黒，灰色で棒の中を塗りつぶし，条件を表します。灰色はさらに明るい灰色と暗い灰色などに分けることもできます。条件数がさらに多い場合には，斜線などの棒の塗りつぶしのパターンを組み合わせましょう（図 6-6 左図）。

　折れ線グラフでは，条件の区別にマーカーの形（菱形，四角，丸，三角）や塗りつぶしの明るさ（白，黒，灰色），線の種類（実線，破線，点線）などを利用します（図 6-6 右図）。マーカーを白で塗りつぶす際には，マーカーの外枠の色を黒などの濃い色にしましょう。

---

[5] Microsoft Excel では通常色のついた図が作成されます。

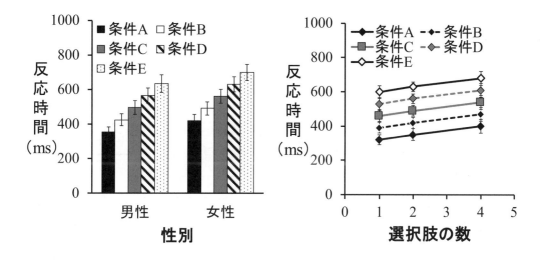

図 6-6. 棒グラフ（左）と折れ線グラフ（右）での複数条件の表現例

6.2.7 図のキャプションの書き方

　図のキャプションは図の内容を簡潔かつ十分に説明する情報である必要があります。したがって，例えば，「Figure 1. 実験結果」や「Figure 1. 反応時間」のようなあまりにも簡潔すぎるキャプションは不適切です。キャプションに独立変数と従属変数を含めると分かりやすくなります。キャプションの中に，図の理解に役立つと思われる説明を書くことも可能です。例えば，図中に示す誤差棒が標準偏差なのか標準誤差なのかを示す説明は，図の理解に役立ちます。

図のキャプションの例

✓ Figure 1. 男女における反応時間の平均値と標準偏差。

✓ Figure 1. 照度条件ごとの平均反応時間。

✓ Figure 1. 男女における平均正答率。誤差棒は標準偏差を示す。

6.2.8 表の構成要素

　表は，**①表本体，②見出し，③表注，④キャプション**から構成されます（図 6-7）。以下にそれぞれについて説明します。

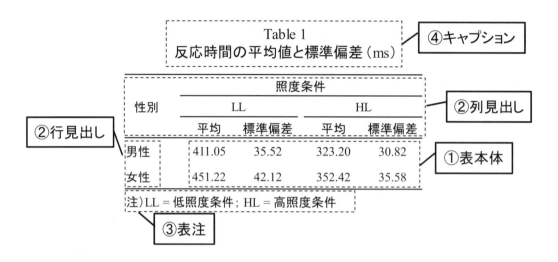

図 6-7．表の基本要素

①表本体
　実験データの解析から得られた平均値や標準偏差などの情報が含まれる部分を指します。

②見出し
　表本体の上部の「列見出し」は縦方向の情報の特徴を表すラベルです。表本体の左部の「行見出し」は，横方向に並んだ情報の特徴を表すラベルです。

③表注
　表中で使用した略語や単位などの情報，および p 値と有意水準の関係などの統計的検定に関わる情報を示します。

④キャプション
　キャプションは表に添える「簡潔な」説明文です。なお，心理学の実験レポート・論文では「表」ではなく，「Table」を使います。

6.2.9 表の作り方

Microsoft Excel などのソフトウェアで表を作成します。表は**白黒で横線のみ**とし（図 6-7，図 6-8，図 6-9），**線を太く，表中の数値・文字を大きく**します。

表の横線は必要最低限とします。表の全セルにおいて，文字や数値のフォントの種類・大きさ，表示位置などを統一し，さらに数値の場合には小数点以下の桁数（通常，小数点以下第 2 位）と小数点の位置を統一しましょう。

見出しには，表の内容を簡潔な言葉で表しましょう。列見出しは中央揃えを基本とし，行見出しは左揃えを基本とします。

表中の略語や統計的検定の p 値と有意水準の関係を示す記号など，読者が表を理解する上で必要な情報がある場合には，表注として表本体の下に記述します。

キャプションは表の上部に中央揃えで配置します。また，「Table 1」の後にコロンやピリオドがないこと，「Table 1」の後で改行してから表のタイトルを記述することに注意しましょう。また「Table」と「1」の間に半角スペースを入れることに注意しましょう。表中の情報に単位のある数値が含まれる場合には，その単位をキャプションや表注，行見出し，列見出しに示します。

悪例   良例

不要な横線削除   縦線削除

	男性	女性
反応時間(ms)	325.52	353.20
標準偏差(ms)	35.12	36.82
正答率	0.80	0.95
標準偏差	0.10	0.11

中央揃え

Table 1. 男女における平均反応時間と正答率

ピリオドを削除し，改行

表の上に移動

Table 1
男女における平均反応時間と正答率

	男性	女性
反応時間(ms)	325.52	353.20
標準偏差(ms)	35.12	36.82
正答率	0.80	0.95
標準偏差	0.10	0.11

図 6-8. 表の悪例（左）と良例（右）

ピリオドを削除し，改行

Table 2. 照度を要因とする1要因被験者間分散分析表

悪例

要因	平方和	自由度	平均平方	F値
照度	0.99	2	0.50	3.49 *
誤差	3.84	27	0.14	
全体	4.84	29		

不要な横線削除　　縦線不要

* $p < .05$

Table 2
照度を要因とする1要因被験者間分散分析表

良例

要因	平方和	自由度	平均平方	F値
照度	0.99	2	0.50	3.49 *
誤差	3.84	27	0.14	
全体	4.84	29		

* $p < .05$

図 6-9. 分散分析表の悪例（上）と良例（下）

6.2.10 表のキャプションの書き方

　表のキャプションは表の内容を簡潔かつ十分に説明する情報である必要があります。したがって，「Table 1 実験結果」のように情報量が少ないキャプションは不適切です。キャプションに独立変数と従属変数を含めると分かりやすくなります。

表のキャプションの例

✓ Table 2
照度条件ごとの反応時間の平均値と標準偏差

✓ Table 3
性別および教示を要因とする 2 要因被験者内分散分析表

✓ Table 1
実験で用いた単語リスト

6.2.11　印刷による図表の確認

　図表の作成において注意すべき点は，**ディスプレイ上で表示される図表と実際に印刷される図表が異なる可能性**があることです。つまりディスプレイ上では鮮明に見える図表も，実際に印刷すると不鮮明になる場合があるのです。鮮明な図表を作成するには画像の解像度を適切に設定する必要があります。必ず印刷した図表を確認しましょう。Microsoft Word に画像を挿入する場合，画像が自動的に圧縮されることがあります。オプションの詳細設定で圧縮しないように設定しましょう。

6.2.12　本文における図表の説明の書き方

　図表を示した場合には，必ずそれについて本文中で説明する必要があります。
　「結果」における図表の説明として，**①図表が示す内容**と**②図表から読み取られる傾向**の 2 点が必要です。これらをこの順に説明しましょう。ただし，**図表が示す平均値や標準偏差の数値を本文中に書く必要はありません。**

①図表が示す内容

　図表が示す内容を，「Figure 3 に反応時間の平均値と標準偏差を示す。」などと書き表します。これはキャプションの内容に対応します。なお，本文中でも「Figure」や「Table」と数字の間に半角スペースを入れるようにしましょう。

②図表から読み取れる傾向

　図表には複数の数値の大小関係や傾向が表れます。その中から，本研究の目的に関係する着目すべき大小関係や傾向を読者に説明する必要があります。例えば，研究の目的が反応時間における性差の解明であれば，「Figure 3 より，男性は女性に比べて反応時間が短い傾向が認められる」のように，性別間での反応時間の差について強調して説明しましょう。

文例

✓ 　Figure 2 に性別（男性・女性）および年齢（若齢・中年）ごとの反応時間の平均値と標準偏差を示す。Figure 1 より，反応時間は……長い傾向が認められる。

✓ 　Table 1 に性別（男性・女性）および年齢（若齢・中年）ごとの正答率の平均値と標準偏差を示す。Table 1 に示すように，正答率はすべての群で 95％以上であり，性別・年齢による差はないように見える。

6.3 統計的検定の結果の書き方

6.3.1 統計的検定の種類

　心理実験レポートや卒業論文で報告する統計的検定は，**①平均値の差の検定**と**②変数間の関係の検定**に分類できます。統計的検定の種類によって，結果の書き方が異なります。ただし，いずれの場合も，**検定の目的，種類，結果**を文章で説明し，**検定統計量と自由度，p 値と有意水準の関係**を角括弧 [ ] の中に示します。その後，**統計的検定の結果に基づく大小関係**を説明します。

①平均値の差の検定

　平均値の差の検定には t 検定や分散分析（F 検定）などがあります。2 つの平均値の差の検定には t 検定を用い，3 つ以上の平均値の差の検定には分散分析を用います。分散分析には 1 要因分散分析や 2 要因分散分析などの種類があります。

②変数間の関係の検定

　変数間の関係の検定には，相関係数（ピアソンの積率相関係数）の検定などがあります。

6.3.2 t 検定の結果の書き方

　A と B の 2 つの平均値において，「A＞B」あるいは「A＜B」の 2 種類の大小関係が考えられます。この両方向の差を検定する場合を**両側検定**と呼び，どちらか一方向のみの差を検定する場合を**片側検定**と呼びます。通常，t 検定では両側検定を用います。結果の記述では，両側・片側検定のどちらを用いたかを「対応のない t 検定（片側検定）を行ったところ……」のように明示しましょう[6]。

---

6 両側検定の場合，その旨の記述が省略される場合もあります。

①対応のない t 検定

　「対応のない t 検定」とは，各条件に異なる参加者を割り当て，データを測定した場合の t 検定です。検定の目的，種類，結果，検定統計量，自由度，p 値と有意水準の関係を説明し，最後に統計的結果に基づく大小関係を説明します。対応のない t 検定の文例を次に示します。

文例

　　男性と女性の間の正答率の差を検討するために，対応のない t 検定（両側検定）を行ったところ，男女間に有意差が認められた [$t(18) = 2.88$, $p < .01$]。したがって，正答率は男性よりも女性の方が有意に高いと言える。

※下線の意味：
　___統計的検定を行う目的　___統計的検定の種類　___統計的検定の結果
　.....検定統計量と自由度，p 値と有意水準の関係
　～～統計的検定の結果に基づく大小関係

　検定統計量と自由度，p 値と有意水準の関係の記述には**半角の英数字と記号**を用い，t や p などの**統計記号をイタリック体**にします。t と括弧の間，等号の前後，p の前後，そして不等号の後に**半角スペースを入れる**ようにしましょう。検定の結果，t 値がマイナスの値となった場合は，マイナスの記号を削除して記述します。すなわち **t 値を絶対値で記述**します。

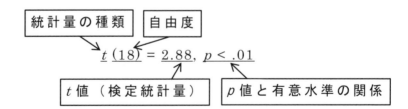

②対応のある t 検定

　「対応のある t 検定」とは，同じ参加者が 2 つの条件に参加している場合の t 検定です。書き方は対応のない t 検定と同じです。対応のある t 検定の文例を次に示します。

文例

　　照度 100 lx 条件と 500 lx 条件間の反応時間の差を明らかにするために，対応のある t 検定（両側検定）を行ったところ，条件間に有意差が認められた $[t(9) = 2.62, p < .05]$。したがって，500 lx 条件での反応時間は 100 lx 条件に比べて有意に短いと言える。

※下線の意味：
　　＿＿統計的検定を行う目的　＿＿統計的検定の種類　**＿＿**統計的検定の結果
　　......検定統計量と自由度，p 値と有意水準の関係
　　～～統計的検定の結果に基づく大小関係

6.3.3　1 要因分散分析の結果の書き方

　反応時間の計測実験において，参加者に「速さ重視」，「正確さ重視」，「両方重視」の 3 種類の教示を与えたとしましょう。この場合，「教示の種類」を**要因**と呼び，その具体的な条件である「速さ重視」，「正確さ重視」，「両方重視」を**水準**と呼びます。この実験のように要因の数が 1 であり，水準の数が 3 以上の場合に，1 要因分散分析を用いて差を検定します。ちなみに先の t 検定は 1 要因 2 水準の差の検定です。

　1 要因分散分析では，**主効果の検定**と**多重比較**の 2 段階の検定を行います。主効果の検定とは要因による効果，すなわち水準間の差の有無を調べる検定です。ただし主効果の検定では全体として水準間に差があることが分かっても，どの水準間に差があるのかは分かりません。多重比較は主効果が有意であるときに行う検定です。多重比較によってどの水準間に差があるのかを明らかにします。主効果が有意でない場合や水準数が 2 である場合には，多重比較を行う必要はありません。

　分散分析では，その検定の結果を本文中だけでなく，分散分析表として示す場合があります。また多重比較の結果も本文中だけでなく表で示す場合があります。分散分析表や多重比較の結果の表を示すかどうかは担当教員の指示に従いましょう。

① 1 要因被験者間分散分析
　「被験者間」とは，各水準に異なる参加者を割り当てる実験計画を

指します。これは t 検定における「対応のない」場合に相当します。1
要因被験者間分散分析の結果の文例を次に示します。この例での要因
は「教示の種類」であり，その水準は「速さ重視」，「正確さ重視」，「両
方重視」です。

文例

　　教示が反応時間に及ぼす影響を検討するために，教示の種類
を要因とする 1 要因被験者間分散分析を行った。Table 2 に分散
分析表を示す。Table 2 に示すように，教示の種類の主効果が有
意であった $[F(2, 27) = 15.38, p < .01]$。

※下線の意味：
＿＿統計的検定を行う目的　＿＿統計的検定の種類　＿＿統計的検定の結果
......検定統計量と自由度，p 値と有意水準の関係

　分散分析の記述において検定の目的，種類および結果を示す点は t 検
定と同様です。ただし，統計的検定の結果に基づく大小関係は，この時
点では記述できません。なぜなら主効果の検定では，どの水準間に差が
存在するかを明確にできないからです。
　分散分析の検定統計量と自由度，p 値と有意水準の関係は以下のよ
うに記述します。

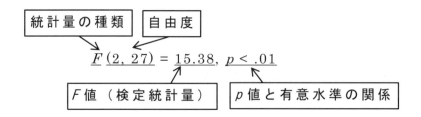

　分散分析の**自由度には要因の自由度と誤差の自由度の 2 種類**があり
ます。F と丸括弧の間，自由度のカンマの後，等号の前後，p の前後，
不等号の後に**半角スペースを入れる**ことに注意しましょう。
　多重比較の結果の文例を次に示します。上述の分散分析の結果に続
けて以下のように記述します。

文例

......の主効果が有意であった［$F(2, 27) = 15.38$, $p < .01$］。主効果が有意であり，かつ水準数が 3 であったので，水準間の差を明らかにするために，Bonferroni 法による多重比較を行った。その結果，速さ重視と正確さ重視，速さ重視と両方重視の間に有意差があった（$p < .05$）。正確さ重視と両方重視の間には有意差が認められなかった。したがって，速さ重視の教示の方が他の教示よりも反応時間が有意に短いと言える。

※下線の意味：
＿＿統計的検定を行う目的　＿＿統計的検定の種類　＿＿統計的検定の結果
＿＿p 値と有意水準の関係　＿＿統計的検定の結果に基づく大小関係

多重比較でも，検定の目的，種類および結果を示します。その後，多重比較の検定結果に基づく水準間の大小関係を説明します。多重比較では，検定統計量を記述せず，**p 値と有意水準の関係のみを記述することが一般的です。**

② 1 要因被験者内分散分析

「被験者内」とは，同じ被験者がすべての条件（水準）の実験に参加している実験計画を指します。これは t 検定における「対応のある」場合に相当します。1 要因被験者内分散分析の書き方は，1 要因被験者間分散分析と同じです。また多重比較の書き方も同じです。1 要因被験者内分散分析および多重比較の結果の文例を次に示します。ここでは照度を要因とし，その中に 100 lx，500 lx，1000 lx の 3 水準を設けています。

文例

　照度が反応時間に及ぼす影響を検討するために，照度を要因とする<u>1要因被験者内分散分析</u>を行った。Table 2 に分散分析表を示す。Table 2 に示すとおり，<u>照度の主効果が有意であった</u> [$F(2, 18) = 23.57, p < .01$]。主効果が有意であり，かつ水準数が 3 であったので，水準間の差を明らかにするために，<u>Bonferroni 法による多重比較</u>を行った。その結果，<u>1000 lx 条件と 100 lx 条件の間，1000 lx 条件と 500 lx 条件の間に有意差が認められた</u>（$p < .05$）。<u>100 lx 条件と 500 lx 条件の間には有意差が認められなかった</u>。したがって，<u>1000 lx 条件での反応時間は他の照度条件の反応時間よりも有意に短いと言える。</u>

※下線の意味：
　____ 統計的検定を行う目的　____ 統計的検定の種類　**____** 統計的検定の結果
　...... 検定統計量と自由度，p 値と有意水準の関係　..... p 値と有意水準の関係
　____ 統計的検定の結果に基づく大小関係

6.3.4　2 要因分散分析の結果の書き方

　要因の数が 2 以上のとき，最大で 3 段階の検定を行います（図 6-10）。第 1 段階では，2 つの要因それぞれの**主効果の検定**と 2 つの要因の**交互作用の検定**の 2 種類の検定を行います。

　交互作用とは，2 つ以上の要因が組み合わされて生じる効果です。この交互作用が有意であるとは，ある要因の各水準において，他の要因の効果が異なることを意味します。すなわち，ある要因の水準 1 や水準 2 において，残りの要因の効果が一貫していない時に交互作用が有意となります（図 6-11）。ただし，交互作用の検定では，どの水準において他の要因の効果があるかは分かりません。これを明らかにするため，交互作用が有意であるときに，第 2 段階の検定として単純主効果の検定を行います。

　単純主効果とは，ある要因の各水準における残りの要因の効果を指します（図 6-11）。2 要因の分散分析では，「要因 A の各水準における要因 B の単純主効果の検定」と，「要因 B の各水準における要因 A の単純主効果の検定」を行います。単純主効果の検定では，主効果の検定

と同様に，どの水準間に差があるかは分かりません。そのため，単純主効果が有意でありかつその有意であった要因の水準数が 3 以上の場合，第 3 段階の検定として多重比較を行います。

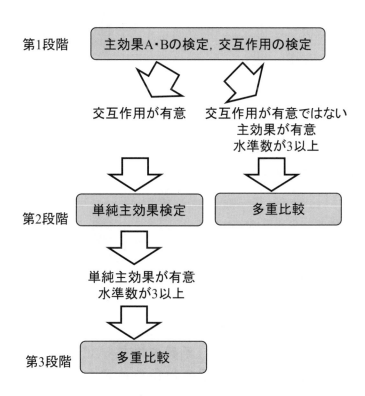

図 6-10.　2 要因分散分析の流れ

92

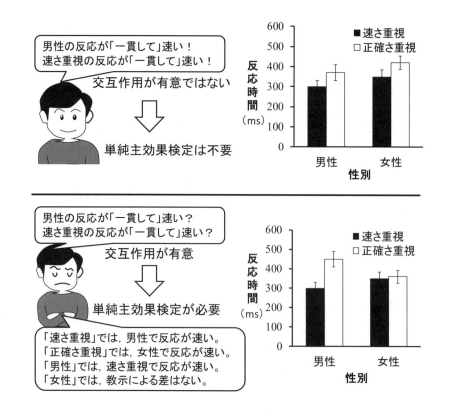

**図 6-11. 交互作用と単純主効果。単純主効果検定では，ある要因の各
水準で他の要因の効果を検定する**

① 2要因被験者間分散分析

　2要因分散分析でも，これまでに述べた統計的検定と同様に，検定の
目的，種類，結果を説明しましょう。2要因の分散分析では，第1段階
としてまず**交互作用が有意かどうか**を説明しましょう。交互作用が有
意でない場合，主効果の検定結果を説明します。一方，交互作用が有意
である場合，主効果の検定結果を説明する必要はありません。

　2要因被験者間分散分析の結果の文例を次に示します。この例にお
ける要因は，性別（男性・女性）と教示の種類（速さ重視・正確さ重視・
両方重視）です。

┌─ **文例** ──────────────────────────────

　　反応時間に関して，教示の種類および性別の効果を明らかに
するために，これらを要因とする 2 要因被験者間分散分析を行
った。Table 2 に分散分析表を示す。Table 2 に示すとおり，教
示の種類と性別の交互作用が有意であった $[F(2, 24) = 6.09, p < .01]$。

└─────────────────────────────────────

※下線の意味：
　＿＿統計的検定を行う目的　＿＿統計的検定の種類　＿＿統計的検定の結果
　......検定統計量と自由度，p 値と有意水準の関係

　交互作用が有意である場合，第 2 段階として単純主効果検定を行い
ます。単純主効果検定でも，検定の目的，種類，結果を示します。単純
主効果検定では，ある要因の水準ごとに他の要因の単純主効果を検定
することに注意しましょう。単純主効果の結果を表として示すか否か
は担当教員の指示に従いましょう。単純主効果検定の結果の文例を次
に示します。

文例

......交互作用が有意であった[$F(2, 24) = 6.09$, $p < .01$]。交互作用が有意であったので，教示の種類の各水準における性別の効果を見るために，単純主効果検定を行った。その結果，速度重視と正確さ重視の水準において性別の単純主効果が有意であった[速度重視，$F(1, 24) = 14.97$, $p < .01$；正確さ重視，$F(1, 24) = 11.35$, $p < .01$]。しかし，両方重視の水準では性別の単純主効果は有意ではなかった[$F(1, 24) = 0.40$, ns]。したがって，速度重視および正確さ重視において，男性の反応時間は女性に比べて有意に短いと言える。また男性・女性それぞれの水準における教示の種類の効果を見るために，単純主効果検定を行ったところ，男性・女性ともに教示の種類の単純種効果が有意であった[男性，$F(2, 24) = 24.21$, $p < .01$；女性，$F(2, 24) = 9.42$, $p < .01$]。

※下線の意味：
　___統計的検定を行う目的　___統計的検定の種類　___統計的検定の結果
　......検定統計量と自由度，p値と有意水準の関係
　~~~統計的検定の結果に基づく大小関係

　単純主効果が有意である場合，その要因の**水準数が 2 であれば大小関係が確定**します。したがって，この段階で検定結果に基づく大小関係を説明します。一方，水準数が 3 以上であれば，第 3 段階の検定として多重比較を行います。

　単純主効果検定が有意であり，かつ水準数が 3 以上の場合の多重比較の結果の文例を次に示します。

文例

......, $F(2, 24) = 9.42$, $p < .01$]。男性・女性ともに教示の種類の単純主効果が有意であり，かつ教示の種類の水準数が 3 であったので，水準間の差を明らかにするために，Bonferroni 法による多重比較を行った。その結果，男性では，速度重視の教示と他の教示との間に有意差が認められた（$p < .05$）。しかし，正確さ重視と両方重視の教示の間には有意差が認められなかった。女性では，速度重視の教示と正確さ重視の教示の間に有意差があった（$p < .05$）。しかし，他の教示間では有意差が認められなかった。したがって，男性では速度重視の教示の方が他の教示よりも反応時間が有意に短いと言え，女性では，速度重視の教示の方が正確さ重視の教示よりも反応時間が有意に短いと言える。

※下線の意味：
___統計的検定を行う目的　___統計的検定の種類　___統計的検定の結果
___ p 値と有意水準の関係　___統計的検定の結果に基づく大小関係

　第 3 段階における単純主効果検定後の多重比較の結果の説明は，主効果検定後の多重比較の結果の説明とまったく同じです。ここでも検定の目的，種類，結果，p 値と有意水準の関係，そして結果に基づく水準間の大小関係を説明します。

②2 要因被験者内分散分析

　2 要因被験者内分散分析の書き方は，2 要因被験者間分散分析と同じです。2 要因被験者内分散分析の結果の文例を次に示します。この例における要因は，教示の種類（速さ重視，正確さ重視，両方重視）と反応方法（音声反応，ボタン押し反応）です。

文例

　反応時間に対する教示の種類および反応方法の効果を明らかにするために，これらを要因とする2要因被験者内分散分析を行った。Table 2に分散分析表を示す。Table 2に示したとおり，教示の種類と反応方法の交互作用が有意であった [$F(2, 18) = 6.20$, $p < .01$]。交互作用が有意であったので，教示の種類の各水準における反応方法の効果を見るために，単純主効果検定を行った。その結果，速さ重視の教示では反応方法の単純主効果が有意であった [$F(1, 27) = 14.29$, $p < .01$]。しかし，それ以外の教示では反応方法の単純主効果は有意ではなかった [正確さ重視，$F(1, 27) = 2.16$, ns；両方重視，$F(1, 27) = 0.34$, ns]。したがって，速さ重視の教示において，音声反応のほうがボタン押し反応よりも反応時間が有意に短いと言える。また反応方法の各水準において教示の種類の効果を見るために，単純主効果検定を行った。その結果，教示の種類の単純主効果は，音声反応において有意であり [$F(2, 36) = 16.82$, $p < .01$]，ボタン押し反応では有意ではなかった [$F(2, 36) = 1.05$, ns]。音声反応における教示の種類の単純主効果が有意であり，かつ教示の種類の水準数が3であったので，水準間の差を明らかにするために，Bonferroni法による多重比較を行った。その結果，速度重視の教示と他の教示との間に有意差があった ($p < .05$)。しかし，正確さ重視の教示と両方重視の教示の間には有意差が認められなかった。したがって，音声反応において，速度重視の教示で他の教示よりも反応時間が有意に短いと言える。

※下線の意味：
　___統計的検定を行う目的　＿＿統計的検定の種類　__統計的検定の結果
　....検定統計量と自由度，p値と有意水準の関係　...._p_値と有意水準の関係
　~~~統計的検定の結果に基づく大小関係

③2要因混合計画分散分析

　2要因混合計画とは，一方の要因が被験者間計画であり，他方の要因が被験者内計画である実験計画を指します。つまり，一方の要因の水準に異なる参加者を割り当て，他方の要因のすべての水準に同じ参加者

を割り当てる計画です。2 要因混合計画分散分析の結果の文例を次に示します。この例における要因は，性別（男性・女性）と反応方法（音声反応・ボタン押し反応）です。

文例

　反応時間に関して，性別および反応方法の効果を明らかにするために，性別を被験者間要因とし，反応方法を被験者内要因とする 2 要因混合計画分散分析を行った。Table 2 に分散分析表を示す。Table 2 に示したとおり，性別と反応方法の交互作用は有意でなかった $[F(1, 8) = 1.75, ns]$。一方，性別および反応方法の主効果はともに有意であった $[$性別，$F(1, 8) = 19.08, p < .01$；反応方法，$F(1, 8) = 16.86, p < .01]$。したがって男性の反応時間は女性の反応時間よりも有意に短く，また音声反応時間はボタン押し反応時間よりも有意に短いと言える。

※下線の意味：
　＿＿＿統計的検定を行う目的　＿＿＿統計的検定の種類　＿＿＿統計的検定の結果
　……検定統計量と自由度，p 値と有意水準の関係
　～～～統計的検定の結果に基づく大小関係

「交互作用が有意でない」場合，主効果を見るよ。主効果が有意でも「水準が2」の場合，多重比較はしないよ。

　この例では，性別（男性，女性）と反応方法（音声反応，ボタン押し反応）ともに，2 水準であるため，主効果が有意である場合に多重比較を行う必要はありません。なぜならば水準数が 2 の要因では，比較すべき水準のペアが 1 つしかなく，要因の主効果が有意であるならば，そのペア間に有意差があることは自明だからです。

6.3.5　相関係数の検定の結果の書き方

　ある変数の値の変化に応じて他の変数の値が変化することを相関と呼びます。散布図に 2 つの変数のデータをプロットしたとき，右上が

98

りにデータが分布する場合を**正の相関**と呼び，右下がりにデータが分布する場合を**負の相関**と呼びます。また，これらの傾向がなく一様にデータが分布する場合を**無相関**（相関なし）と呼びます（図 6-12）。相関の強さを表す値を**相関係数（*r*）**と呼びます。*r* は，-1.0 から 1.0 の値をとります。*r* の正負は相関の正負に対応し，*r* の絶対値が相関の強さを表します。

　2 つの変数の相関関係の有無を調べるために，相関係数の検定を用います。相関関係の検定では相関係数が 0 と有意に異なるか否かを検定します。その検定統計量には *t* を用います。

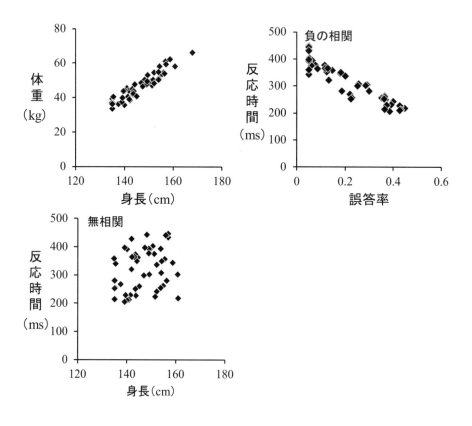

図 6-12．データの散布図と相関の例

　相関係数の検定結果の文例を次に示します。ここでは，反応時間と誤答率の相関を例として説明します。

文例

　反応時間と誤答率の間のピアソンの積率相関係数は，−.62であった。この相関係数が0と異なることを確かめるために，相関係数の検定を行った。その結果，相関係数は0と有意に異なっていた［$t(48) = 5.48, p < .01$］。したがって反応時間が短い人ほど，誤答率が高くなるという負の相関関係があると言える。

※下線の意味：
　＿＿＿統計的検定を行う目的　＿＿＿統計的検定の種類　＿＿＿統計的検定の結果
　……検定統計量と自由度，p値と有意水準の関係
　＿＿＿統計的検定の結果に基づく大小関係

　検定の目的，種類および結果を文章で説明し，統計量を角括弧に示す点はこれまでに述べた検定と同様です。

　相関の検定統計量と自由度，p値と有意水準の関係は以下のように記述します[7]。

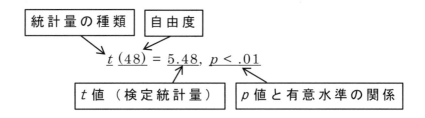

　tと括弧の間，等号の前後，pの前後，そして不等号の後に**半角スペースを入れる**ことに注意しましょう。

6.3.6　統計的検定の前に図を作る

　平均値の図や散布図を作成してデータを眺めると，その大まかな傾向をつかむことができます。例えば図6−11を眺めると2要因分散分析での交互作用の有無やその後の単純主効果の検定の結果を大まかに読み取れます。また図6−12の散布図を眺めると，相関の有無を大まかに

---

[7] 統計解析ソフトによっては，相関係数の値（r）と有意確率のみを出力し，t値が計算されない場合があります。またrを検定統計量として用いてレポート・論文に報告する場合もあります。

読み取ることができます。そのため，データの分析では，まず図を作成して傾向をつかみ，その後に統計的検定を行いましょう。図に示された大小関係および傾向と統計的検定の結果とが大きくかけ離れていないことを確認することで，実施した統計的検定の正誤をある程度判断できます。したがって見やすい図を作成することは，正しい統計的検定を行う上でも非常に重要です。

6.3.7 小数点以下は第2位まで

統計解析ソフトを用いた場合，小数点以下 5 桁以上の統計量が出力されることがあります。心理実験レポートや卒業論文では，原則として**小数点以下 2 桁まで**とし，小数点第 3 位で四捨五入をしましょう。

統計解析ソフトで統計的検定を行うと，p 値が「.000」と，出力される場合があります。これは p 値がきわめて小さいことを示しています。この時，レポートや論文では「$p < .000$」と記述することは誤りです。この不等式における右側の数字は有意水準を表すので，そこに出力された p 値を示すべきではありません。統計解析ソフトが出力した p 値は不等式の左側の p に代入して考えるべき値です。すなわち，統計解析ソフトで得られた p 値が 1%の有意水準よりも小さいことを示す「$p < .01$」や，p 値が 0.1%の有意水準よりも小さいことを示す「$p < .001$」のように記述しましょう。

6.4　結果の悪例と良例

　ここでは「結果」の悪例とその問題点について説明します。その後，問題点を改善した良例を示します。

6.4.1　結果の悪例

結果の悪例 1：

3.　結果
　Figure 3 に結果の図を示す[①②]。Table 2 に分散分析表を示す[②]。

　　　　　　　…（Figure 3 と Table 2 省略）…

　分散分析の結果[③]，照度の主効果は F = 29.71[④]であり，有意だった (p < .01)[④]。多重比較を行ったところ[③]，すべての照度条件の間で有意差があった (p < .05)[④⑤]。

①データの解析方法が説明されていません。
　「結果」では実験で得た生データに何らかの処理・解析を行い，その結果を図として示します。したがって，生データの処理・解析の手順を最初に説明する必要があります。

②図表の説明がありません。
　結果の図や表を示した後には，必ずその内容を丁寧に説明しなければなりません。すなわち図や表から読み取ることができる傾向を説明する必要があります。

③統計的検定を行う目的および種類が説明されていません。
　6.3 で説明したように，統計的検定を説明する際には，検定の目的と用いた検定の種類を説明する必要があります。多重比較についても同

様です。

④検定統計量や p 値と有意水準の関係の書き方が不適切です。

　統計的検定の結果には，検定統計量（ t 値， F 値など），自由度， p 値と有意水準の関係を記述します。また統計記号はすべてイタリック体にします。

⑤検定結果に基づく数値の大小関係が記述されていません。

　統計的検定の結果を示した後には，それに基づいて水準間の数値の大小関係を具体的に説明する必要があります。

結果の悪例2：

3．結果

　照度条件ごとに解像限界を求め，視力を算出した①。

　Figure 3 に各照度条件での視力の平均値を示す。Figure 3 において，視力は 100 lx 条件では 0.67，500 lx 条件では 0.87，1000 lx 条件では 1.03 であり②，照度が高いほど視力は高い傾向が認められる。

　視力における照度の影響を検討するために，1要因被験者内分散分析を行った。Table 2 に分散分析表を示す。Table 2 に示すように，照度の主効果に有意差があった③ $[F(2, 18) = 29.71, p < .01]$ 。照度の主効果が有意であり，かつ水準数が3であったため，水準間の差を見るために Bonferroni 法による多重比較を行った。多重比較の結果を Table 3 に示す。多重比較の結果，1000 lx 条件と他の照度条件との間に有意差があり（ $p < .05$ ），また 500 lx 条件と 100 lx 条件との間に有意差があった（ $p < .05$ ）。したがって，照度が高いほど，視力が高いと言える。この結果は，我々の仮説を支持すると共に，先行研究の知見（瀬谷，2003）と一致した。この理由には……④。

---

①解析方法の説明が不十分です。

　解析方法の説明が不十分であり，この説明だけでは解像限界を求めた方法や視力の算出方法が読者には分かりません。より具体的な説明が必要です。

②図表が示す数値を本文に記述してはいけません。

　図表に示されている平均値や標準偏差を本文に示すことは情報の重複であり不適切です。

③主効果に有意差はありません。

　主効果は要因による効果であり，差ではありません。主効果は「有意であった」か「有意ではなかった」かのいずれかです。交互作用の記述でも「交互作用に有意差があった」とは書きません。交互作用が「有意であった」か「有意ではなかった」のいずれかです。

④結果と考察を混同しています。

　「結果」では，実験で得た結果（事実）のみを説明します。結果が予測や先行研究と一致したか否かなど，結果（事実）から導かれる論考は「考察」で説明します。ただし，補足実験などの比較的小規模な実験の報告では，「結果」と「考察」を組み合わせて記述する場合があります。この場合，節の名前を「結果と考察」とします。

6.4.2　結果の良例

悪例 2 の修正例：

3．結果

　各参加者においてギャップサイズ条件ごとに正答率を算出し，照度条件ごとに心理測定関数を導出した。具体的には，……を求めた。得られた心理測定関数より，正答率が 62.5% となる時のランドルト環のギャップサイズを，分を単位として算出し，その逆数から視力を算出した。条件ごとに視力を算出し，全参加者における平均値および標準偏差を求めた。

〔解析方法の詳細を追加〕

　Figure 3 に各照度条件での視力の平均値を示す。Figure 3 より照度が高いほど，視力が高い傾向が認められる。

〔図表の数値を重複して示さない〕

　視力における照度の影響を検討するために，1 要因被験者内分散分析を行った。Table 2 に分散分析表を示す。Table 2 に示すように，照度の主効果が有意であった〔$F_{(2, 18)} = 29.71$, $p < .01$〕。照度の主効果が有意であり，かつ水準数が 3 であったため，水準間の差を見るために Bonferroni 法による多重比較を行った。多重比較の結果を Table 3 に示す。多重比較の結果，1000 lx 条件と他の照度条件との間に有意差があり（$p < .05$），また 500 lx 条件と 100 lx 条件との間に有意差があった（$p < .05$）。この結果から，照度が高いほど，視力が高いと言える。

〔有意かどうかのみ示す〕

〔結果の説明のみ〕

「図表からの読み取り」と「統計的検定」の2つから結果を説明するのが基本だよ。

第 7 章

考察の書き方

<table>
<tr><td>POINT</td></tr>
</table>

◆ 次の 3 項目を順に説明する
　➤ 研究目的・仮説への回答
　　　研究目的，方法，結果を簡潔に説明し，目的が達成され
　　　たか否かと仮説・予測が支持されたか否かを簡潔に記述
　➤ 結果の解釈・意味づけ
　　　先行研究の結果と比較しながら，本研究で得られた結果
　　　が意味すること，またその新規性，妥当性，応用性など
　　　を詳しく記述
　➤ 本研究の限界・残された課題
　　　研究の限界や課題を説明し，今後の展望を記述
◆ 複数の実験を報告する場合，「総合考察」を設け，全実験の結
　果を踏まえて上述の 3 項目を説明する
◆ 小規模な実験の場合，「結果」と「考察」をまとめても良い

7.1 考察の書き方の基本

7.1.1 考察の構成

「考察」では，**「研究目的・仮説への回答」**，**「結果の解釈・意味づけ」**，**「研究の限界・残された課題」**の 3 項目を説明します（図 7-1）。実験で得られた結果の意味を説明し，また先行研究と本研究の関連性や，本研究の新規性や妥当性を説明します。

「研究目的・仮説への回答」では，まず「序論」で述べた研究目的や仮説を簡単に振り返ります。その後，実験方法および結果を簡潔に説明します。最後に，研究目的や仮説に対する答えを示します。この振り返りにおける結果の説明では，研究目的に関連した結果のみに絞って説明します。その際に，検定統計量や p 値と有意水準の関係などの統計的検定の情報は示しません。

「結果の解釈・意味づけ」では，得られた結果がどのような点で新しいのか（新規性），その学術的位置づけ（関連性），先行研究の結果とどの程度一致するのか（結果の妥当性），他の解釈が可能かどうか（解釈の妥当性：他の解釈が妥当でないことの論証）などを詳しく説明します。「結果の解釈・意味づけ」では，**先行研究を引用し，比較しながら解釈・意味づけすること**に注意しましょう。根拠の乏しい主観的解釈の羅列ではダメです。先行研究の知見や本研究の結果を根拠として論理的に論述しなければなりません。もし「研究目的・仮説への回答」において，目的が達成されなかった場合や仮説が支持されなかった場合には，その原因を詳しく説明する必要があります。

「研究の限界・残された課題」では，実験の限界や未解決となった問題を記述します。その限界・問題を踏まえて今後の展開を記述し，可能ならば問題解決のための方法等の提案をします。

一般的に「考察」では見出しを付けずに，適宜段落を分けながら記述します。ただし，文量が多い場合は見出しを付けて説明する方が良いでしょう。また「考察」では**実験方法や実験結果を過去形**で記述し，**結果から推測される事柄・解釈を現在形**で記述します。

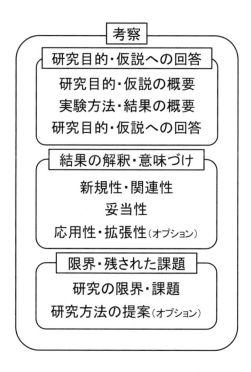

図 7-1.　考察の構成

7.1.2　読者が知りたいことを考える

　「考察」では，**読者が知りたいことを想定して説明**することが重要です。結果までを読み終えた時に，まず読者が知りたいことは，目的が達成されたか否か，仮説が支持されたか否かです。よって，「考察」の最初に「研究目的・仮説への回答」を記述します。

　研究では，必ずしも思いどおりの結果が得られるとは限りません。研究目的が達成できなかったり，事前に立てた仮説や予測が支持されなかったりすることもあります。このような場合，読者は研究目的が達成できなかった原因や仮説が支持されなかった原因を知りたいと思うはずです。したがって，これらを詳しく説明する必要があります。なお，原因の説明では，例えば，「この原因には，○○が考えられる」のように，最初に原因・理由を明確に述べます。もし細かな説明・根拠を先に示し，「これらから……の原因には，○○が考えられる。」と記述すると，論旨が分かりにくくなるので避けましょう（2.3.2 参照）。

　同様に，先行研究の結果との差異やその意味など，読者が知りたいと思うことを順に説明することが考察では重要です。読者の考えを十分に想定することが，考察をうまく書くコツと言えます。このコツをつかむためには，多くの論文を読み，読者として何を知りたいと思うかを理解することが重要です。

7.1.3　結果と考察を明確に分ける

　「考察」で最も注意すべき点は，結果と考察を明確に分けることです。結果とは実験で測定した従属変数の傾向や大小関係であり，確定した<u>客観的事実</u>です。一方，考察とは結果に基づく解釈や意味づけであり，様々な<u>主観的考え</u>を述べることが可能です。

　例えば，「男女間で反応時間に差があった」は，実験によって得られた結果であり，一方「この反応時間の差は性差を反映している」は，結果から導かれた解釈です。ただし，この解釈は多様な解釈のうちの1つに過ぎないことが通常です。他の解釈もあり得る場合には，それも説明し，どちらの解釈がもっともらしいかを議論し，考察を深めます（図 7-2）。

　「考察」における結果の記述では，「反応時間に差があった」や「反応時間は短かった」などのように，従属変数の傾向や大小関係を簡潔に説明します。一方，解釈・意味づけの記述では，「この反応時間の延長は……を意味する」や「この結果は……を示唆する」などのように，結果から導かれる考えを記述します。

　結果の説明では過去形を用います。一方，結果に基づく解釈・意味づけでは現在形を用います。後者では推測であることが分かる表現を用い，特にその確信度に応じて文末表現を変えます。確信度が高い場合は「……であると言える」などの断定的な文末表現を用い，確信度が低い場合は「……である可能性がある」や「……かもしれない」などの推測的な文末表現を用います（図 7-3）。なお，論理的・客観的な論考を行う「考察」においては，「……と感じる」や「……と思う」などの主観的要素を含んだ文末表現を用いない方が良いでしょう。

（結果）
女性よりも男性で反応時間が短かった。

もし正答率が男性で低いのであれば考察②が正しい？

（考察①）
反応速度には性差がある。

（考察②）
男女で反応の速さと正確さの方略が異なる。

図 7-2. 結果と考察。結果から複数の考察ができる場合には，どれがもっともらしいのかを議論する

断定的文末表現

○○であると言える。
○○は明らかである。

推測的文末表現

○○であることが示唆される。
○○である可能性がある。
○○が影響していると推測される。
○○であると考えられる。

使用してはいけない文末表現

○○であると感じる。
○○と思う。
○○と願いたい。

図 7-3. 考察で用いる文末表現の例。根拠のない著者の主観や願望と誤解される表現はやめましょう

7.1.4　根拠を示しながら考察する

　結果の解釈・意味づけには著者の主観が含まれるので，根拠を示して主張の妥当性や客観性を高める必要があります。そのためには，**先行研究や本研究の実験で得た結果**を根拠として用いて，結果の解釈や意味づけを行います。可能な限り，先行研究と本研究の実験で得た結果の両方を根拠として示しましょう。それによって説得力のある考察を書くことができます。

7.2 考察の各要素の書き方

7.2.1 研究目的・仮説への回答の書き方

序論では未解決な問題を指摘し，その解決を研究目的としました（4.2.3 および 4.2.5 参照）。未解決な問題は，**①未検討の問題，②先行研究間の矛盾，③先行研究の再検討** の 3 種類に分けられます。これらの種類ごとに「研究目的・仮説への回答」の書き方が異なります。

①未検討の問題

未検討の問題への回答では，その問題が明確となるように研究の目的・仮説をはじめに記述します。それに加えて，方法も簡潔に記述しましょう。その上で，未検討の問題への回答を記述します。

文例

✓　本研究では下肢による反応時間の計測によって，反応時間における性差を調べることを目的とした。その結果，反応時間は男性の方が女性よりも短かった。これは，下肢による反応時間に性差があるとする本研究の仮説を支持する。

✓　本研究では下肢......した。実験の結果，男女間の反応時間に差はなかった。この結果は本研究の仮説を支持せず，下肢による反応時間には性差が生じないことを示唆している。

---

②先行研究間の矛盾

先行研究間の矛盾への回答では，研究の目的・仮説と方法・結果の概要を簡潔に示した後，研究目的や仮説に対する答えに加えて，先行研究間の知見の矛盾の原因についても説明します。

文　例

✓　　本研究では瀬谷（2017）と天野（2018）の手法を組み合わせ，反応時間における性差を検討した。実験では，反応の速さと正確さに関する教示（速度重視，正確さ重視，両方重視）を操作し，手によるボタン押し反応と口頭による音声反応の2種類の反応時間を測定した。その結果，いずれの反応方法においても，両方重視の教示においてのみ男女間の反応時間に差が見られた。この結果は，反応時間における性差が反応の速さと正確さの教示によって変化することを意味する。すなわち，先行研究での知見の矛盾は，参加者への教示の違いを反映していると言える。

✓　　本研究では瀬谷（2017）と天野（2018）の手法を組み合わせ……。その結果，いずれの教示・反応方法においても反応時間は男性の方が女性よりも短かった。この結果は，反応の速さと正確さの教示や反応方法が反応時間における性差に影響しないことを示唆する。したがって，先行研究での知見の矛盾は，教示の違いや反応方法以外の要因が関与していると考えられる。

③先行研究の再検討

　先行研究の再検討では，研究の目的・仮説と方法・結果の概要を簡潔に示した後，研究目的や仮説に対する答えとして先行研究と同じ結果が得られたか否かを説明します。なぜならば先行研究における不備や新たな要因の導入による再検討の必要性が研究の動機となっているからです。

　先行研究と異なる結果が得られた場合，つまり指摘した要因によって結果が左右された場合，序論で述べた再検討の必要性または仮説が支持されたことを意味します。この点を強調して記述するとともに，なぜその要因が異なる結果を生じさせたのかについて原因を詳しく説明しましょう。

　一方，先行研究と同じ結果が得られた場合，つまり指摘した要因には効果がなかった場合でも，実験は無意味ではありません。新たな要因を導入したにもかかわらず既知の現象が確認できたことは，その現象が再現性や頑健性が高いことを示す重要な知見と言えます。この点を強調して記述すると良いでしょう。

文例

- ✓ 本研究では反応時間における性別と年齢の影響を調べることを目的とした。実験では，若齢群と中年群を設定し，反応時間を計測した。その結果，若齢群では男女間で反応時間に差が見られた。一方，中年群では男女間で反応時間に差が見られなかった。これらの結果は若齢群においてのみ反応時間に性差が生じることを意味し，年齢によって性別が反応時間に及ぼす影響が異なるという本研究の仮説を支持する。

- ✓ 　本研究では……を目的とした。実験では……を計測した。その結果，若齢群・中年群共に，男性のほうが女性よりも反応時間が短かった。この結果は，年齢にかかわらず性別が反応時間に影響を及ぼすことを意味しており，性差の頑健性を示唆している。

7.2.2　結果の解釈・意味づけ：新規性・関連性

　「結果の解釈・意味づけ」では，先行研究と比較して，実験で得られた結果がどのような点で新規性を有するのか，得られた結果の学術的位置づけ・先行研究との関連性，さらには他の解釈が可能かどうかなどの議論を記述します。また，特に目的が達成できなかった場合や仮説が支持されなかった場合には，その原因も説明します。

　以下では新規性・関連性について，**①研究の目的が達成または仮説が支持された場合**と**②研究の目的が未達成または仮説が支持されなかった場合**に分けて考察の書き方を説明します。いずれの場合も，先行

研究の結果や本研究の実験で得た結果を根拠として，詳しく記述することが重要です。

①研究の目的が達成または仮説が支持された場合

　目的が達成または仮説が支持された場合には，先行研究との違いを強調して，本研究の新規性を説明しましょう。特に序論において，複数の先行研究の知見の間に矛盾があることを指摘している場合は，本研究で得られた結果がどの先行研究の知見を支持するかを明確にし，従来の知見に対する本研究の関連性（位置づけ）を明らかにしましょう。

　以下に文例を示します。第1例では新規性を，第2例では先行研究との関連性（位置づけ）を記述しています。

文例

✓　　従来研究では上肢による反応時間の性差が検討されてきた（瀬谷・天野，2014；安田他，2010）。しかし下肢による反応時間の性差は検討されていなかった。本研究の結果は反応時間に関する従来研究の知見を下肢にも拡張できることを示唆する点で，新規性があると言える。

✓　　中村（2011）では反応時間の性差が認められ，一方，安田（2014）では反応時間の性差は認められていないことから，反応時間への性別の影響については議論の余地がある。この点について本研究の結果は，反応時間における性差を支持する知見を提供したと言える。

---

②研究の目的が未達成または仮説が支持されなかった場合

　目的が未達成または仮説が支持されなかった場合には，その原因を説明しましょう。

文例

　先行研究（瀬谷・天野，2014；安田他，2014）では，上肢による反応時間の性差が検討されてきた。これに対し，本研究は，下肢による反応時間の性差を検討した最初の研究であり，上肢以外の反応時間に関する新しい知見を提供したと言える。

　反応時間に性差が生じなかった原因の一つに，反応方略が挙げられる。瀬谷（2010）は，上肢による反応時間が反応の速さと正確さの方略の影響を強く受けることを報告している。したがって，本研究での下肢による反応時間にも，反応方略が影響した可能性がある。反応時間と誤答率の相関解析を行ったところ，負の相関が有意であり，両者にトレードオフの関係が認められた。また，特に男性において誤答率が低く，かつ反応時間が長い傾向が認められ，女性ではその逆の傾向が認められた。これらの事実から，男女間で異なる反応方略が用いられたことによって反応時間の性差が相殺された可能性が考えられる。

仮説が支持されなかった原因

7.2.3　結果の意味づけ・解釈：妥当性

　「考察」では，研究目的が達成されたか否か，仮説が支持されたか否かにかかわらず，**①結果の妥当性**と**②解釈の妥当性**について詳しく議論する必要があります。先行研究や本研究で得た結果を挙げながらしっかりと議論しましょう。

①結果の妥当性

　例えば，先行研究とまったく同じ方法を用いて反応時間を測定したにもかかわらず，平均反応時間が先行研究よりも 2 倍以上長かったとします。この場合，結果は妥当であると言えるでしょうか。測定に何らかのノイズが含まれている可能性や，実験が適切に行われていない

可能性が考えられます。このような量的な比較だけでなく，先行研究との結果のパターンの一致といった質的な比較も，実験で得た結果の妥当性を探る手がかりとなります。先行研究の結果との一致の程度を説明することで，適切な実験による妥当な結果であることを強調しましょう。先行研究と実験結果が一致しない場合には，その原因を説明しましょう。

②解釈の妥当性

実験結果に対して，通常，複数の解釈が可能です。例えば，反応時間の男女間の差を，反応時間の性差として解釈することもできれば，反応方略の差として解釈することも可能です。どちらの解釈が妥当であるかを先行研究や本研究の実験の結果に基づいて議論しましょう。

文例

本研究の下肢による反応時間の男女差は平均で 200 ms 程度であり，上肢による反応時間を用いた瀬谷・天野（2014）における男女差（100 ms）よりも大きかった。ただし，男女合わせた平均反応時間は，下肢による反応時間を測定した中村（2012）と同程度であることから，本研究で示された性差は妥当な結果と言えるだろう。

ただし，本研究の結果は，男女間における反応方略の違いを反映している可能性も考えられる。中村（2012）は，上肢による反応時間課題において，女性よりも男性で誤答率が高いことを報告し，反応時間の差が男女間での反応の速さと正確さの方略の違いを反映することを指摘している。しかし，本研究で得られた誤答率には男女間に差が見られないことから，反応方略の違いだけでは反応時間の差を説明できない。

7.2.4 結果の解釈・意味づけ：応用性・拡張性

　心理実験の大きな目的は科学の発展に貢献することです。したがって，科学的な見地から，結果を解釈・意味づけすることが重要です。実験で得られた結果から他の研究分野への応用・拡張が考えられる場合は，それを記述することができます。また，工学的な技術の発展や現実場面への応用が期待される場合には，それらを記述することも可能です。

> **文例**
>
> 　本研究で示された下肢による反応時間における性差は，自動車のブレーキアシストなどの安全支援システムを考える上で重要な知見となるだろう。特に女性のブレーキの踏み込みの弱さを考慮すれば，視覚情報の認知の遅れは重大な事故につながる可能性もある。そのような事故を未然に防ぐために，反応時間の男女差を考慮した安全支援システムの開発が必要であろう。

7.2.5 本研究の限界・残された課題の書き方

　「考察」では，本研究の限界や残された課題も明確にする必要があります。それによって今後の研究が促進され，研究の発展に貢献することになります。もし，研究の限界・課題を解決する上で有効な方法を提案できる場合には，それも説明しましょう。なお，方法の提案は必ずしも具体的である必要はありません。

　この部分は考察全体の長さとのバランスを考えながら説明しましょう。特に「考察」の大半が「本研究の限界・残された課題」の記述とならないように気をつけましょう。なぜならば，そのような記述の割合では，本研究に欠点や不備が多く存在し，得られた結果の意義がほとんどないという印象を読者に与えてしまうからです。

　研究の限界・課題には，主に**①実験方法による限界・課題**と**②研究目的による限界・課題**の 2 種類があります。

①実験方法による限界・課題

　1つの実験ですべての問題が解明されることは通常ありません。特定の問題の解明に適した実験方法を用いるため，得られた結果はその問題の解明に限定されます。また，特定の実験機材しか利用できないという制約により限界が生じ，課題が残ることもあります。このような限界や課題を記述しましょう。

　なお，「参加者の数が少なかった」や「実験室が騒がしかった」など，すぐに解決可能な問題や実験の不備を疑われる問題を挙げてはいけません。そのような記述は研究自体の妥当性や信頼性を著しく低下させます。「実験の不備を書いてはいけない」のではなく，これらの要因が最小限になるように実験を計画し実施することが基本なのです。

文例

　✓　本研究では，単純な図形による反応課題を用いたことから，本研究で確認された反応時間における性差が実際の複雑な自動車運転などの反応時間においても見られるかは明らかではない。今後の研究において，より現実的な刺激や反応を用いて反応時間の性差を検討する必要があるだろう。

　　　　　問題・課題の解決方法の提案

　✓　本研究では，視線計測装置を用いなかったので，刺激呈示前における参加者の視線位置を確認できていない。このため，視線位置の相違による影響を排除できていない可能性がある。この点については，今後さらなる検討が必要であろう。

②目的による限界・課題

　目的に含まれない事柄を実験によって検討することはありません。したがって，研究の目的に含まれない事柄について，何らかの結論を導き出すことには限界があります。

　「考察」ではこのような目的による限界・課題を議論することが可能です。例えば，現象の確認を目的とした場合，実験で用いた条件とは異なる他の条件下でも同じ現象が再現されるかといった点が限界・

課題として議論可能です。また，メカニズムの検討を目的とした場合，同じメカニズムによって，異なる条件下での現象が説明可能か否かなどの点が限界・課題として議論可能です。

文例

✓　本研究では，下肢による反応時間においても性差が生じることを明らかにした。しかし，この性差が視覚情報の知覚・認知処理の時間を反映するのか，それとも運動制御の時間を反映するかといったメカニズムについては明らかではない。今後の研究において，筋電計測により，これらを分離することでこの点を明らかにする必要があるだろう。

問題・課題の解決方法の提案

✓　本研究では，下肢による反応に着目した。この他に全身反応や瞬目反応など様々な反応行動でも性差が見られる可能性がある。この点については，今後さらなる検討が必要である。

7.3 　複数の実験を報告する場合の考察の書き方

　卒業論文などでは，複数の実験を報告する場合があります。2 つ以上の実験を報告する場合，**実験ごとに「方法」，「結果」，「考察」の項目を設けて記述**します（図 7-4）。

単一実験を報告する レポート・論文の構成	複数実験を報告する レポート・論文の構成
1 序論 　1.1 研究背景 　1.2 研究目的 2 方法 　2.1 実験参加者 　2.2 装置 　2.3 刺激 　2.4 手続き 3 結果 4 考察 5 結論 引用文献	1 序論 　1.1 研究背景 　1.2 研究目的 2 実験1 　2.1 実験参加者 　2.2 装置 　2.3 刺激 　2.4 手続き 　2.5 結果 　2.6 考察 3 実験2 　3.1 実験参加者 　3.2 装置 　3.3 刺激 　3.4 手続き 　3.5 結果 　3.6 考察 4 総合考察 5 結論 引用文献

図 7-4．単一実験と複数実験を報告する際の構成・見出しの例

　2 つ以上の実験を報告する場合，各実験での「考察」に加えて，**「総合考察」が必要**です。「総合考察」では，すべての実験結果を踏まえて考察をします。その書き方は，すべての実験の結果を総合した解釈・意味づけなどを行うこと以外は，各実験での「考察」と同じです。ただし，総合考察の内容は各実験での「考察」の繰り返しではいけません。

　また，2 つ以上の実験を報告する場合，「本研究の限界・残された課題」を，「総合考察」の中に記述します。一方，各実験での限界や残された課題は後続の実験の動機・理由として各実験の考察に記述します。

120

なぜならば，複数の実験を行う場合，各実験での限界や残された課題を後続の実験で検討することが一般的だからです。

　総合考察の文例を以下に示します。この文例では，実験 1 において下肢による反応時間の性差を検討し，実験 2 において年齢の要因を加えた場合の下肢による反応時間の性差を検討した場合の総合考察を示しています。

文例

4．総合考察

研究目的・仮説への回答

　本研究では，反応時間における性差に着目し，性別が下肢反応時間に及ぼす影響（実験 1），および参加者の年齢と性別が下肢反応時間に及ぼす影響（実験 2）を検討した。実験 1 の結果は，女性よりも男性において下肢反応時間が短いことを示した。実験 2 の結果は，参加者の年齢にかかわらず，下肢反応時間に男女間の差が生じることを示した。これらの結果は，参加者の年齢にかかわらず，下肢反応時間に性差が生じることを意味し，本研究の仮説と一致する。

　従来研究の多くは上肢反応時間の性差の検討をしており（瀬谷，2010；瀬谷・天野，2012），下肢反応時間における性差の検討はほとんどなされてこなかった。本研究の結果は，いずれの実験においても，下肢反応時間における性差を示している。それ故，従来研究で示された性差の知見が下肢反応時間にも拡張可能であることを……。

7.4　小規模な実験の考察の書き方

　比較的小規模な実験を報告する場合,「結果」と「考察」をまとめて記述することもできます。この場合, 見出しは**「結果と考察」**とします。「結果と考察」における結果部分と考察部分の書き方は, それぞれ「結果」(6 章)と「考察」(本章)で示した書き方と基本的に同じです。ただし, 結果と考察を段落に分けて明確に記述しましょう。なお, 結果の段落に続く考察の段落では, 研究の目的や方法の概要を説明せずに, 目的への回答や知見の新規性・発展性などを記述します。

　「結果と考察」の文例を次に示します。「結果と考察」という見出しであっても, この例のように, 結果と考察を段落に分けて明確に記述しましょう。

文例

3.3　結果と考察

結果の段落

　得られたデータから誤答試行のデータを除き, 参加者ごとに, 反応時間の平均値を求めた。Figure 2 に, 参加者の性別ごとの平均反応時間と標準偏差を示す。Figure 2 より, ...の傾向が認められる。反応時間に対する性別の効果を明らかにするために, 対応のない t 検定を行ったところ, 男女間に有意差が認められた $[t(18) = 2.88, p < .01]$。したがって, ...と言える。

　以上の結果は, 下肢による反応時間に性差があることを意味し, 本研究の仮説を支持する。また, この結果は, 上肢によるボタン押しを用いて反応時間を検討した先行研究(瀬谷, 2010)の知見とも一致する。
　先行研究では, 上肢による反応時間の性差が......。

考察の段落

7.5 考察の悪例と良例

ここでは「考察」の悪例とその問題点について説明します。その後，問題点を改善した良例を示します。

7.5.1 考察の悪例

考察の悪例 1:

4. 考察
　本研究の結果は，100 lx 条件での視力は，500 lx および 1000 lx 条件の視力よりも低く，500 lx 条件での視力は 1000 lx 条件の視力よりも低いことを示した①。ただし，視力には個人差が大きかった②③。
　本研究では，参加者の数が少なく，また疲労の影響も含まれている可能性がある。また，実験ブースの環境としても騒音などのノイズが多くあり，これらが実験結果に影響している可能性もある④。今後，これらの要因を取り除き，さらなる研究を進める必要がある。⑤

①研究の目的と方法が説明されていません。
　「考察」では，まず研究の目的と方法を簡潔に説明します。

②研究目的・仮説への回答がありません。
　研究目的に関連する結果を説明した後に，研究目的が達成されたか否か，序論で示した仮説が支持されたか否かを必ず説明しなければなりません。

③結果の意味づけ・解釈がありません。
　研究目的・仮説への回答の後に，得られた結果の詳しい解釈・意味づけ，本研究の新規性や先行研究との関連性について説明します。

④実験の不備が疑われます。

　十分な数の参加者からデータを測定することや参加者の疲労を軽減することは，実験を実施する上で当然のことです。これらが十分でなかった点を「考察」に挙げることは，実験の価値を下げてしまいます。

⑤記述内容が不十分です。

　考察がたったの数行では，あまりにも内容が薄く不十分です。また，考察全体のバランスも良くありません。「考察」のおよそ半分において，本研究の問題点や限界を説明することは，読者に「この研究には多くの問題がある」といった印象を持たせることになり，不適切です。先行研究と比較しながら，本研究の新規性，関連性，妥当性の説明を追加し，問題点や限界の記述は最小限としましょう。

考察の悪例 2：

4．考察

　本研究では，視環境の照度が視力に及ぼす影響，特に高照度条件を含めた視力の変化を明らかにすることを目的とした。実験では，複数の照度条件下において，恒常法を用いて視力を測定した。その結果，照度の主効果が有意であった [$F(2, 18) = 10.55$, $p < .05$]①。多重比較の結果，100 lx 条件での視力は 500 lx および 1000 lx 条件の視力よりも低く（$p < .05$）①，500 lx 条件の視力は 1000 lx 条件の視力よりも低かった（$p < .05$）①。これらの結果は，視力が照度によって変化することを意味し，本研究の仮説を支持する。

　本研究では，100 lx 条件でも視力は平均で 0.8 程度であり，これは同じ照度条件において 0.4 程度の視力を報告した瀬谷（2000）よりも高かった。この先行研究との違いの原因には，実験に参加した参加者の年齢が挙げられる。②また，実験で用いた手法の違いや実験環境の違いなども挙げられるだろう②③。

　本研究では，実験中に他者の会話や様々なノイズが生じていたことから，これらが本研究の結果に影響していた可能性は否定できない。また，被験者数も少なく，今後の研究においてより静穏な環境で多くの参加者よりデータを測定する必要があるだろう④。

① 具体的な統計的検定の情報は不要です。

統計量や p 値と有意確率の関係などの統計的検定の情報は「結果」にのみ記述します。「考察」において、これらを記述することは不適切です。

② 原因を列挙するのみで、その説明がありません。

単に原因を列挙するのではなく、根拠を示しながら詳しく説明しましょう。また複数の原因が考えられる場合には、まずそれを明記してから、それぞれの原因を詳しく説明しましょう。

③ 本研究の新規性が不明です。

研究目的・仮説への回答の後には、研究結果がどういった点で新規性を有しているのかを詳しく説明しましょう。

④ 実験の不備が疑われます。

悪例 1 でも述べたように、実験は適切に実施されていることが基本であり、十分な数の参加者や静穏な環境を確保することは当然です。特殊な実験のため少数の熟練した参加者のみが実験に参加した場合や、用いた実験装置の制約としてノイズが生じる場合などの特別な理由を除き、参加者数や実験環境の不備を「考察」で議論してはいけません。

7.5.2 考察の良例

悪例 2 の修正例：

4．考察

　本研究では、視環境の照度が視力に及ぼす影響、特に高照度条件を含めた視力の変化を明らかにすることを目的とした。実験では、複数の照度条件下において、恒常法を用いて視力を測定した。その結果、100 lx 条件での視力は 500 lx および 1000 lx 条件の視力よりも低く、500 lx 条件の視力は 1000 lx 条件の視力よりも低かった。この結果は、視力が照度によって変化することを意味し、

> 統計的検定の情報を削除

本研究の仮説を支持する。

　本研究の結果は，瀬谷（2000）の知見とも一致する。ただし，瀬谷（2000）は，特に低照度範囲における視力の変化に着目しており，500 lx や 1000 lx 条件といった高照度条件での視力には着目していない。それ故，本研究の結果は，従来知見をより高照度範囲にまで拡張可能であることを示した点で，新たな知見と言える。

> 本研究の新規性を説明

　本研究では，100 lx 条件でも視力は平均で 0.8 程度であり，これは同じ 100 lx 条件において 0.4 程度の視力を報告した瀬谷（2000）よりも高かった。この先行研究との違いの原因として次の 2 点が挙げられる。第 1 に，実験に参加した参加者の年齢が挙げられる。本研究では 20 代の大学生が実験に参加したのに対し，瀬谷（2000）では，20 代から 50 代の成人が実験に参加していた。中村（2015）は，加齢によって生じる眼疾患や視機能の変化が，40 代から生じ始めることを報告している。また，天野（2013）は，視力における加齢効果を検討し，40 代以降から視力が低下することを報告している。したがって，瀬谷（2000）と本研究の結果の違いは，実験参加者の年齢の影響によって生じた可能性がある。第 2 に，本研究では，恒常法を用いて視力を測定したが，瀬谷（2000）では極限法を用いて視力を測定した。一般に，……。それ故，……。

> まず複数の可能性があることを示す

> 理由を詳しく説明する

　本研究では，中心視における視力への照度の影響を検討した。しかし，視野の周辺における視力への影響については検討していない。日常場面では，人は周辺視において物体の存在を検出し，その後，眼球運動によって物体を中心視で捉え，物体を認識する。これを考慮すれば，周辺視視力における照度の影響の理解も重要な課題と言えよう。ただし，本研究で用いた恒常法はデータ取得に時間がかかるため，複数の視野領域での視力の計測には不向きである。今後の研究において，極限法など短時間

> 研究の価値を下げずに限界を示す

でデータ取得が可能な他の手法を用いることによって，
周辺視視力も含めた照度の影響の検討が必要であろう。

単純な実験であっても4段落以上の
考察を書くよ。

第 8 章

結論の書き方

8.1 結論の書き方の基本：結論の構成

　「結論」では，**「実験結果から導かれる結論」**，**「残された課題・今後の展望」** の 2 項目を説明します（図 8-1）。「考察」において，様々な結果の解釈・意味づけ，先行研究との関連，結果の妥当性・解釈の妥当性などを記述しました。これらを踏まえて，最終的に最も主張したい事柄のみを簡潔に説明します。

　なお，レポート・論文を読みなれた読者は，最初の「序論」で示された研究目的と最後に示された「結論」をまず読んで研究の概要を把握します。したがって，読者が本研究の主張を容易に理解できるように，分かりやすく結論を記述することが大切です。

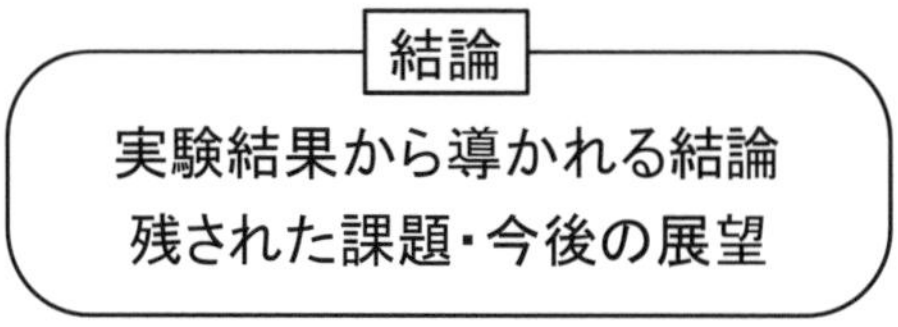

結論
実験結果から導かれる結論
残された課題・今後の展望

図 8-1. 結論の構成

8.2　結論の各要素の書き方

8.2.1　実験結果から導かれる結論

　「実験結果から導かれる結論」では，研究の目的を振り返り，本研究の一番重要な発見を簡潔に説明します。この内容は，考察における「研究目的・仮説への回答」と似ています。しかし，それとまったく同じ記述を繰り返すのではなく，より簡潔に記述するように心がけましょう。また，結論はここまでの内容・議論の振り返りであるので，「考察」に示されていない事項を新たに加えてはいけません。

文例

✓　　本研究は，下肢による反応時間の性差を明らかにすることを目的とし，男女の参加者の下肢反応時間を測定した。その結果，女性よりも男性の方が反応時間が短かった。これは上肢による反応時間と同様に，下肢による反応時間にも性差があることを示している。

✓　　本研究では，先行研究の手法を組み合わせ，反応時間の性差に影響する要因を特定することを目的とした。実験の結果，反応方法の種類に関わらず，反応の速さと正確さに関わる教示に依存して男女の反応時間に差が現れた。これは，反応時間の性差が教示に影響されることを意味し，先行研究間における知見の矛盾は，教示内容の違いが原因であることを示唆する。

8.2.2　残された課題・今後の展望

　「残された課題・今後の展望」では，本研究では明らかにできなかった問題や今後の展望を簡潔に説明します。この場合も「考察」における「本研究の限界・残された課題」とまったく同じ記述を繰り返し

てはいけません。「考察」の「本研究の限界・残された課題」を踏まえて，展望（さらなる研究の必要性）に重点を置き，記述しましょう。

文例

- ✓ 本研究では，ボタン押し反応における反応時間の性差を検討した。今後，性差が生じるメカニズムを明らかにするためには，筋電図を用いた詳細な検討を行う必要があるだろう。

- ✓ 本研究では反応時間の厳密なデータを得るために，刺激や環境が統制可能な実験室内において反応時間を計測した。より現実に近い状況における反応時間の性差については，今後さらなる検討が必要である。

- ✓ 本研究の知見は，自動車のブレーキアシストなどの安全支援システムへの応用が期待される。今後，性差のメカニズムの解明とともに，年齢の影響などに関する検討が必要であろう。

8.3　結論の悪例と良例

　ここでは「結論」の悪例とその問題点について説明します。その後，問題点を改善した良例を示します。

8.3.1　結論の悪例

結論の悪例 1：

5．結論
　100 lx 条件での視力は，500 lx および 1000 lx 条件の視力よりも低く，500 lx 条件での視力は 1000 lx 条件の視力よりも低かった①②。

①結果を列挙するだけではいけません。

　実験の目的，方法，結果，考察のすべてを簡潔にまとめて説明する必要があります。

②記述内容が不十分です。

　結論は簡潔に記述することが基本です。しかし，1 文だけの記述では，あまりにも内容が薄く不十分です。研究全体のまとめとして適切な文量で説明しましょう。

結論の悪例 2：

5．結論
　本研究では，視環境の照度が視力に及ぼす影響の解明を目的とした。恒常法を用いた視力測定によって，照度が高いほど視力が高くなることが明らかになった。この結果は，視力が照度によって変化することを意味し，本研究の仮説と一致する。
　なぜ照度が高くなると視力が高くなるのか？1 つには，毛様体筋の疲

労の影響が挙げられる。瀬谷（2001）は照度が低い環境では，……①。

　本研究では，中心視における視力の測定から視環境の照度の影響を検討したが，視野の周辺における視力への影響については検討していない。日常場面では，人は周辺視において物体の存在を検出し，その後，眼球運動によって物体を中心視で捉え，物体を認識する。これを考慮すれば，周辺視視力における照度の影響の理解も重要な課題と言えよう。ただし，本研究で用いた恒常法では，複数の視野領域での視力の計測には長時間を要することから，今後の研究において，極限法など他の手法を用いて周辺視視力も含めた検討が必要であろう②。

　最後に，実験を予定どおり進めることができ，大変良かったです。また実験の方法をよく理解することができました③。

①新しい考察を加えてはいけません。

　これまでの本文中で述べていない新しい議論を「結論」に記述してはいけません。まず，その新しい議論を「考察」の中に記述し，必要があれば簡潔に「結論」でも記述しましょう。

②残された課題の記述が詳しすぎます。また今後の展望が示されていません。

　「結論」では，残された課題を簡潔に記述し，今後の展望を説明しましょう。残された課題の詳しい説明が必要な場合は，「考察」や「総合考察」の中で議論しましょう。

③感想は不適切です。

　レポート・論文は，著者の主張を論理的に説明した文章です。論理的な文章であるレポート・論文の中に，非論理的かつ主観的な感想を含めてはいけません。

8.3.2　結論の良例

悪例2の修正例：

5．結論

　本研究では，視環境の照度が視力に及ぼす影響の解明を目的とした。恒常法を用いた視力測定によって，照度が高くなるほど視力が高くなることが明らかになった。この結果は，視力が照度によって変化することを意味し，本研究の仮説と一致する。

新しい考察を含めない

　本研究では，視力に着目し，照度の影響を検討した。しかし，実際の生活場面では，視覚情報を認識するだけでなく，それに基づいた適切な運動行動が求められる。したがって，反応時間など他の指標を用いて照度の影響を検討する必要があるだろう。

簡潔に記述

感想を含めない

第 9 章

引用文献の書き方

POINT

◆ 引用した文献の詳細情報を著者のアルファベット順にリストにして記載する
◆ 文献の種類によって記載する情報の内容，順序，書式が異なる
◆ 著者の数によっても書式が異なる

9.1　引用文献情報の記載

　レポート・論文では，主に「序論」と「考察」において，過去に出版された論文や学術書を文献として引用します。その際，本文中には文献の詳細情報を記述せず，レポート・論文の最後に「引用文献」を設け，そこに文献の詳細情報を記載します。

　なお，上記のような先行研究の引用ではなく，研究の参考にしただけの文献は参考文献と呼ばれ，引用文献とは明確に区別されます。例えば実験プログラムの作成や統計解析を行う際に参照した本などは，参考文献であり引用文献ではありません[1]。

9.1.1　引用文献情報のリスト化

　「引用文献」には，レポート・論文の中で引用された文献を読者が検索・参照できるように，文献の著者やタイトル，巻号などの詳細な情報を記載します。読者は，必要に応じて引用文献を手に入れて読み，レポート・論文の主張の妥当性をより正しく評価できるようになります。したがって文献の詳細情報の明記は非常に重要です。

　心理学の実験レポートや卒業論文では，以下の原則に従って，引用文献のリストを作成します。

引用文献作成の原則
原則 1：日本語・外国語の文献にかかわらず，**著者の姓のアルファベット順に並べて文献を記載**する
原則 2：表記が 2 行以上にわたる場合，2 行目以降に全角 2 文字分の字下げをする
原則 3：本文中で引用したすべての文献を記載する
原則 4：科学的検証のない文献を引用しない

---

[1] 学術雑誌によっては引用文献を「参考文献」と表記する場合があります。

　なお，各学術雑誌には，引用文献のフォーマットが指定されています。必ず指定のフォーマットに従って引用文献を表示しましょう。次節に，日本心理学会が刊行する「執筆・投稿の手引き（2015年改訂版）」のフォーマットに従った引用文献の表示の仕方を示します[2]。

　まず日本語文献と英語文献に分けて，記載する情報とその書き方を説明します。その後，リストとして文献を並べる際の順序について説明します。

---

[2] ここで取り上げていない文献の書き方は，日本心理学会刊行の「執筆・投稿の手引き（2015年改定版）」を参照しましょう。

9.2 日本語文献の書き方

9.2.1 日本語文献の種類と記載する情報

　日本語で書かれた文献の種類には**①雑誌論文**，**②書籍**，**③編集書・監修書の特定の章または論文**，**④翻訳書**などがあります。以下にこれら各種の引用文献の例を示し，さらに記載すべき情報とその順序を説明します。

---

①雑誌論文

瀬谷 安弘・天野 成昭（2016）．心理物理学的測定法　愛知淑徳大学心理情報学会誌, *18*, 78–90.

②書籍

瀬谷 安弘（2012）．視力と運動　愛知淑徳大学出版

③編集書・監修書の特定の章または論文

瀬谷 安弘（2010）．反応時間の性差　天野 成昭（編）　性差の心理学（pp. 225–235）愛知淑徳大学出版

瀬谷 安弘（2015）．反応時間の測定方法　天野 成昭・田中 一郎（監）心理学実験法（pp. 45–85）愛知淑徳大学出版

④翻訳書

William, J. (2010). *Psychology on gender difference*. New York: ABC Publisher.

　（ウイリアム, J. 瀬谷 安弘（訳）（2015）．性差の心理学　愛知淑徳大学出版）

---

①雑誌論文

　雑誌論文では**著者名，刊行年，論文のタイトル，雑誌名，雑誌の巻**

数，論文の最初と最後のページ番号を順に書きます。

　著者名（刊行年）．論文タイトル　雑誌名，巻数，最初のページ–最後
　　のページ．

②書籍
　書籍では**著者名，刊行年，書籍名，出版社名**を順に書きます。

　著者名（刊行年）．書籍名　出版社名

③編集書・監修書の特定の章または論文
　書籍の中には，編集書や監修書と呼ばれる本があります。編集書とは，
特定のトピックスについて複数の専門家が章や論文を執筆し，それら
を編集者が取りまとめた本です。監修書とは，その分野の専門家や学会
が論文を取りまとめた本です。
　編集書や監修書では**章または論文の著者名，刊行年，章または論文
のタイトル，編集者名または監修者名，書籍名，章または論文の最初と
最後のページ番号，出版社名**を順に書きます。

　著者名（刊行年）．章または論文のタイトル　編集者名（編）　書籍名
　　　　（pp.最初のページ–最後のページ）　出版社名

　著者名（刊行年）．章または論文のタイトル　監修者名（監）　書籍名
　　　　（pp.最初のページ–最後のページ）　出版社名

④翻訳書
　外国語で書かれた書籍を日本語に翻訳した書籍を引用する場合，**元
の書籍の情報，翻訳書の情報の順に記載**します。

　Author (Year). *Title of the book*. Location of Publisher: Publisher.
　　　　（著者名．翻訳者名（訳）（刊行年）．日本語書籍名　出版社名）

9.2.2　日本語文献の各要素

　日本語文献の各要素である**①著者名・編集者名・監修者名・翻訳者名**，**②刊行年**，**③論文のタイトル**，**④雑誌・書籍情報**の書き方を，具体例を挙げながら説明します[3]。

① 著者名・編集者名・監修者名・翻訳者名

　日本語文献の場合，**姓と名の間に半角スペースを挿入**して著者名を記載します。著者名の後にピリオドは必要ありません。

　著者が複数の場合は，すべての著者名を文献に記載されている順番に**中黒「・」で区切って**記載します。著者が 8 名を超える場合は，第 1 著者名から第 6 著者名，省略記号「…」，最後の著者名の順に書きます。最後の著者名の後にピリオドは書きません。

```
┌─── 著者名の書き方の例 ──────────────────┐
│                                              │
│  瀬谷　安弘                                   │
│                                              │
│  瀬谷　安弘・天野　成昭                       │
│                                              │
│  瀬谷　安弘・天野　成昭・田中　一郎・佐藤　次郎・林　和子・鈴木 │
│     淑江…高橋　五郎                          │
│                                              │
└──────────────────────────────────┘
```

　編集書・監修書では，章または論文のタイトルの後に，スペースを入れ，編集者名・監修者名を書きます。著者名と同様に，姓と名の間には半角スペースを入れます。編集者または監修者が複数の場合は，中黒「・」で区切って記します。編集者名または監修者名の後に，それぞれ「（編）」または「（監）」を書きます。

---

[3] 日本心理学会の手引きでは，ピリオド，カンマ，丸括弧等の全角・半角の区別は明記されていません。本書では，日本語文献では全角を基本として説明します。

┌─ 編集者名・監修者名の書き方の例 ─────────────┐

瀬谷 安弘（2010）. 反応時間の性差　天野 成昭（編）

瀬谷 安弘（2015）. 反応時間の測定方法　天野 成昭・田中 一
　　郎（監）

└──────────────────────────────────┘

　　翻訳書ではまず外国語にて著者名を記載します。外国語の書誌情報
を記載した後，改行し，日本語の著者名および翻訳者名を記載します。
翻訳者名の後には「（訳）」を書き，翻訳書の情報を書きます。

┌─ 翻訳書の著者名・翻訳者名の書き方の例 ──────────┐

William, J.(2010). ...
　　　（ウイリアム, J. 瀬谷 安弘（訳）（2015）. ......）

└──────────────────────────────────┘

② 刊行年
　　文献が刊行された年を全角の丸括弧とピリオド「().」の中に半角で
書きます。2 年または 3 年に 1 度の頻度で逐次刊行される雑誌では
「(2015–2016).」のように刊行年を「–」で連結して示します。掲載決
定済みの論文を引用する場合には，「(印刷中).」と記載します。

┌─ 刊行年の書き方の例 ───────────────────┐

瀬谷 安弘（2017）.

瀬谷 安弘・天野 成昭（印刷中）.

└──────────────────────────────────┘

③論文のタイトル

　論文のタイトルは副題も含め**すべてを省略せずに記載**します。日本
語文献の場合，タイトルの終わりに**ピリオドは不要**です。副題がある場
合，その前後に2倍ダッシュ「――」を書きます。

論文のタイトルの書き方の例

　反応時間における性差

　反応時間における性差――年齢の影響――

---

④雑誌・書籍情報

　論文のタイトルの後に全角スペースを入れ，雑誌名の正式名称を省
略せずに記載します。雑誌の**巻数をイタリック体**とし，最初と最後のペ
ージ番号を「-」で結んで記載します。**数字はすべて半角**とし，雑誌名，
巻数，ページ番号それぞれの間を全角カンマで区切ります。最後に全角
のピリオドを書きます。

雑誌情報の書き方の例

　愛知淑徳大学心理情報学会誌，*18*，78-90.

　心理学雑誌，*22*，55-62.

　書籍の場合，巻数やページ番号を記載する必要はありません。書籍名，
全角スペース，出版社名をこの順に記載します。出版社名の後にピリオ
ドは不要です。

```
┌─ 書籍情報の書き方の例 ──────────────────────┐
│                                              │
│   心理学のための統計法　愛知淑徳大学出版      │
│                                              │
│                                              │
│   実験心理学　愛知淑徳大学出版                │
│                                              │
└──────────────────────────────────────────────┘
```

　編集書および監修書に掲載されている章や論文の場合，編集者名または監修者名の後にスペースを置き，書籍名を書きます。また丸括弧の中に，複数ページを意味する記号「pp.」（単数ページの場合は「p.」）とページ番号を書きます。最後に出版社名を書きます。出版社名の後にピリオドを書く必要はありません。

```
┌─ 編集書・監修書情報の書き方の例 ──────────────┐
│                                              │
│   性差の心理学（pp. 225–235）愛知淑徳大学出版  │
│                                              │
└──────────────────────────────────────────────┘
```

　翻訳書の場合，元の書籍名をイタリック体で書き，出版地，出版社名を書きます。改行後，丸括弧の中に，上述の著者名と翻訳者名に続けて，翻訳書名，全角スペース，出版社名をこの順に記載します。

```
┌─ 翻訳書情報の書き方の例 ──────────────────────┐
│                                              │
│   Psychology on gender difference. New York: ABC Publisher.  │
│     （……性差の心理学　愛知淑徳大学出版）      │
│                                              │
└──────────────────────────────────────────────┘
```

9.3　外国語文献の書き方

9.3.1　外国語文献の種類と記載する情報

　外国語で書かれた文献の種類には**①雑誌論文**，**②書籍**，**③編集書の特定の章または論文**などがあります。以下にこれら各種の文献の引用例を示し，さらに記載すべき情報とその順序を説明します[4]。なお，ここでは英語で書かれた文献を例に説明します。日本語文献と異なり，外国語文献では文献情報の最後にピリオドを付けます。

①雑誌論文

Seya, Y., & Amano, S. (2010). Visual acuity and illumination. *Journal of Aichi Shukutoku*, *21*, 252–263.

②書籍

Seya, Y. (2010). *Experimental psychology*. Aichi: Aichi Shukutoku University Press.

③編集書の特定の章または論文

Seya, Y. (2010). Gender difference in reaction times. In S. Amano (Ed.), *Gender difference in psychological aspects* (pp. 90–115). Aichi: Aichi Shukutoku University Press.

①雑誌論文

　外国語の雑誌論文の文献情報として記載する情報は，日本語の雑誌論文と同じです。すなわち**著者名**，**刊行年**，**論文のタイトル**，**雑誌名**，**雑誌の巻数**，**論文のページ番号**を順に記載します。

---

[4] ここで取り上げていない文献の書き方については，日本心理学会刊行の「執筆・投稿の手引き（2015年改定版）」またはアメリカ心理学会刊行の「APA論文作成マニュアル」を参照しましょう。

Author. (Year). Title of paper. *Journal, Vol*, start page–end page.

② 書籍

書籍では**著者名，刊行年，書籍名，出版地・出版社名**を順に書きます。

Author. (Year). *Title of book*. Location of Publisher: Publisher.

Author. (Year). *Title of book* (xx ed.). Location of Publisher: Publisher.

③ 編集書の特定の章または論文

編集書では，**章または論文の著者名，刊行年，章または論文タイトル，編集者名，書籍名，章または論文の最初と最後のページ番号，出版地，出版社名**を書きます。

Author. (Year). Title of Chapter or paper. In Editor (Ed.), *Title of Book* (pp. start page–end page). Location: Publisher.

Author. (Year). Title of Chapter or paper. In Editor (Eds.), *Title of Book* (pp. start page–end page). Location: Publisher.

9.3.2　外国語文献の各要素

外国語文献の各要素である**①著者名・編集者名，②刊行年，③論文タイトル，④雑誌情報・書籍情報**の書き方を，具体例を挙げながら説明します。外国語文献の文献情報は，**すべて半角を用いて**記述します。また**各要素の間に半角スペース**を置きます。

①著者名・編集者名

外国語文献の場合，著者の**姓を先に書き**，半角カンマ「,」，半角スペースの後に，ファーストネームのイニシャル，（もしあれば）ミドルネームのイニシャルの順に書きます。姓の頭文字のみを大文字とし，それに続く文字を小文字にします。イニシャルの後には半角ピリオド「.」を加え，さらに半角スペースを入れます。

　ヨーロッパ圏の著者の場合，英語で書かれた論文や書籍であっても著者名には著者の国の文字（例：äやüなど）を使います。

　著者が複数の場合は，すべての著者名を「半角カンマ＋半角スペース」で区切って記します。なお，各著者の最後のイニシャルの後のピリオドとカンマの間にはスペースを入れずに「.,」とします。また，**最後の著者名の前にのみアンパサンド「&」を書きます**。著者が 8 名を超える場合には，第 1 著者から第 6 著者までを書き，省略記号「...」で省略表記をしてから，最後の著者名を書きます。

著者名の書き方の例

Seya, Y.

Seya, Y., Amano, S., & Tanaka, I.

Seya, Y., Amano, S., Tanaka, I., Sato, J., Hayashi, K., Suzuki, Y., ... Takahashi, G.

　編集者名を記すには，「In」の後に編集者のファーストネームのイニシャル，（もしあれば）ミドルネームのイニシャル，姓の順に書きます。**この順番は著者名における順番とは異なることに注意**しましょう。編集者が 1 名のときは，編集者名の後に「(Ed.)」を書き，複数名のときは「(Eds.)」と書きます。

― 編集者名の書き方の例 ―

Seya, Y. (2010). Gender difference in reaction times. In S.
    Amano (Ed.),

Seya, Y. (2015). Methods of reaction time measurements. In
    S. Amano, & I. Tanaka (Eds.),

②刊行年

文献が刊行された年を半角の丸括弧とピリオド「().」の中に書きます。2年または3年に1度の頻度で逐次刊行される雑誌では「(2015-2016).」のように「−」で結んで記載します。掲載が決定した論文を引用する場合には，「(in press).」と記載します。

― 刊行年の書き方の例 ―

Seya, Y. (2017).

Seya, Y., & Amano, S. (in press).

③論文のタイトル

論文のタイトルは副題も含め省略せずにすべてを記載します。最初の単語の頭文字を大文字とし，他の文字を小文字とします。副題がある場合，コロン「:」および半角スペースを置いた後に副題を書きます。副題の最初の単語の頭文字も大文字にします。タイトルの終わりに，ピリオド「.」を書きます。

┌─ 論文のタイトルの書き方の例 ──────────────┐

　Gender difference in reaction times.

　Gender difference in reaction times: Influence of aging.

└─────────────────────────────────────┘

④雑誌情報・書籍情報

　雑誌情報として，雑誌名の正式名称をイタリック体で書きます。その際，**雑誌名の主要語（and などの接続詞や of，in などの前置詞以外の語）の頭文字を大文字**とし，慣例により"The"を省略します。また，巻数をイタリック体で示し，論文の最初と最後のページ番号を「–」で結んで記載します。ページ番号の後にピリオドを書きます。

┌─ 雑誌情報の書き方の例 ──────────────────┐

　Journal of Aichi Shukutoku University, 28, 78–90.

　Journal of Psychology, 22, 55–62.

└─────────────────────────────────────┘

　書籍情報として，最初の単語の頭文字のみ大文字としイタリック体で書籍名を書きます。**初版以外の書籍では版数も記載**します。書籍名の最後にピリオドと半角スペースを入れ，その後に，出版地と出版社名をコロン「:」で連結して書きます。このとき，コロンと出版社名の間に半角スペースを入れることに注意しましょう。出版社名の後にピリオドを置きます。

書籍情報の書き方の例

Statistics for psychology and education. Aichi: Aichi Shukutoku University Press.

Experimental psychology. Aichi: Aichi Shukutoku University Press.

　編集書に掲載されている章や論文の場合，編集者名の後にカンマと半角スペースを入れ，書籍名をイタリック体で書きます。その後，半角スペースを入れ，丸括弧の中に複数ページを意味する記号「pp.」とページ番号を書き，コロンを書きます。半角スペースの後に出版地と出版社名をコロン「:」で連結して書き，ピリオドを置きます。

編集書情報の書き方の例

Gender difference in psychological aspects (pp. 90–115). Aichi: Aichi Shukutoku University Press.

9.4　引用文献リストの順序

　「引用文献」では，**日本語文献・英語文献を分けずに，著者の姓のアルファベット順に**文献を並べます。ただし，同一著者の文献の順序を定めるには次に示す**①第 1 著者の姓の文字数，②第 1 著者の名，③著者の人数，④第 2 著者以降の姓名，⑤刊行年**のルールに従います。

①第 1 著者の姓の文字数

　まず第 1 著者の姓のアルファベットを語頭から順に比較します。この時，比較する文字が途中でなくなる方，つまり著者の姓の文字数が少ない方の文献を先に記載します。例えば，Ai, D.（2015）と Aichi, S.（2015）を比較すると，「Aichi」の 5 文字よりも「Ai」の 2 文字のほうが文字数が少ないので，以下のように Ai, D.（2015）を先に記載します。

　　Ai, D.（2015）. ……
　　Aichi, S.（2015）. ……

②第 1 著者の名

　第 1 著者が同姓であった場合，第 1 著者の名のイニシャルを比較し，早い方を先に記載します。

　　Seya, S., & Amano, S.（2010）. ……
　　Seya, Y., & Amano, S.（2010）. ……

③著者の人数

　同じ第 1 著者による複数の文献を引用する場合，著者が 1 名の単著文献を先に記載し，著者が複数の共著文献を後に記載します。ただし第 1 著者が共通する共著文献が複数あり，それらを引用する場合には，著者の人数ではなく次の④のルールを適用して順番を定めます。

　　瀬谷　安弘（2012）. ……
　　Seya, Y., & Amano, S.（2010）. ……

④第 2 著者以降の姓名

　第 1 著者が同じでも，第 2 著者以降が異なる文献を複数引用する場合，第 2 著者の姓名のアルファベット順に記載します。もし第 2 著者も同じならば第 3 著者の姓名のアルファベット順に記載します。もし第 3 著者も同じならば第 4 著者の姓名のアルファベット順というように，以降，同様のルールを繰り返し適用して文献の順序を定めます。

　　Seya, Y., & Amano, S. (2010). ......
　　Seya, Y., & Amemiya, S. (2010). ......
　　Seya, Y., & Amemiya, Y. (2010). ......

⑤刊行年

　同一の著者による単著文献を複数引用する場合，刊行年が早い文献を先に記載します。同じ著者らによる共著文献を複数引用する場合も同様です。

　　Seya, Y. (2010). ......
　　Seya, Y. (2015). ......
　　Seya, Y., & Amano, S. (2010). ......
　　Seya, Y., & Amano, S. (2015). ......

9.5 引用文献の悪例と良例

　ここでは「引用文献」の悪例とその問題点について説明します。その後，問題点を改善した良例を示します。

9.5.1 引用文献の悪例

> 引用文献の悪例1：
>
> 瀬谷 安弘（2012）. 視力と運動　愛知淑徳大学出版
> Seya, Y., & Amano, S. (2010). Visual acuity and illumination. *Journal of Aichi Shukutoku, 21*, 252–263.[1]
> Seya, Y., and Amano, T. (2015). J. Aichi Shukutoku.[2][3]
> 林 和子・瀬谷 安弘（2010）. 心理学のための統計法　愛知淑徳大学出版[1]
> 林 和子・瀬谷 安弘（2015）. 実験心理学　愛知淑徳大学出版[4]
> 授業配布資料.（2017）. [5]

①2行目の字下げがされていません。
　2行以上にわたって記述するときには2行目以降を字下げします。

②文献情報が不足しています。
　文献の著者名，刊行年，論文のタイトル，雑誌名，巻数，最初と最後のページ番号のすべてが記載されている必要があります。

③文献情報の記載様式が一貫していません。
　一貫した様式で文献の情報を記載する必要があります。英語の共著文献の場合，最後の著者の姓の前に「&」を書きます。英文雑誌名と巻数をイタリック体とし，雑誌名を省略せずに記述します。

④文献の順序が間違っています。

　著者の姓の五十音順ではなく，アルファベット順に文献を並べます。

⑤授業の配布資料を文献として記載してはいけません。

　授業用に配布された資料は受講生の理解を補助することを目的とした資料に過ぎません。レポート・論文の引用文献としては不適切です。

引用文献の悪例 2：

Seya, Y., & Amano, S. (2010). Visual acuity and illumination. *Journal of Aichi Shukutoku*, *21*, 252–263.

Seya, Y., & Amano, S. (2015). Gender difference in visual acuity and reaction times. *Journal of Aichi Shukutoku*, *26*, 210–223.

Seya, Y., Amano, S., Tanaka, I., Sato, J., Hayashi, K., Suzuki, Y., ... Takahashi, G. (2017). Psychology in human informatics. *Journal of Aichi Shukutoku*, *27*, 121–133.①

林　和子・天野　成昭（2015）．実験心理学　愛知淑徳大学出版

林　和子・瀬谷　安弘（2010）．心理学のための統計法　愛知淑徳大学出版

瀬谷　安弘（2012）．視力と運動　愛知淑徳大学出版

瀬谷　安弘・天野　成昭（2016）．心理物理学的測定法　愛知淑徳大学心理情報学会誌, *18*, 78–90.①

http://www.aasa.ac.jp/exp/excercise②

---

①日本語文献と英語文献を分けて記載する必要はありません。

　日本語・英語にかかわらず，著者の姓のアルファベット順に文献を並べます。

②webサイトを引用してはいけません。

　オンラインジャーナルの論文や調査会社によってインターネット上に公開されている統計データなどを引用する場合を除き，webサイトを引用してはいけません。

9.5.2　引用文献の良例

悪例 2 の修正例：

林 和子・天野 成昭（2015）．実験心理学　愛知淑徳大学
　　出版

林 和子・瀬谷 安弘（2010）．心理学のための統計法　愛
　　知淑徳大学出版

瀬谷 安弘（2012）．視力と運動　愛知淑徳大学出版

Seya, S., & Amano, S. (2010). Visual acuity and
　　illumination. *Journal of Aichi Shukutoku*, *21*, 252–
　　263.

日本語と英語の文献を分けずに記載する

Seya, Y., & Amano, T. (2015). Gender difference in
　　visual acuity and reaction times. *Journal of Aichi
　　Shukutoku*, *26*, 210–223.

瀬谷 安弘・天野 成昭（2016）．心理物理学的測定法　愛知
　　淑徳大学心理情報学会誌, *18*, 78–90.

Seya, Y., Amano, S., Tanaka, I., Sato, J., Hayashi, K.,
　　Suzuki, Y., ... Takahashi, G. (2017). Psychology in
　　human informatics. *Journal of Aichi Shukutoku*,
　　27, 121–133.

Web サイトを引用しない

第 10 章

先行研究の引用の仕方

- ◆ 先行研究を本文中で引用するには，その説明（引用部）と文献の出典を示す
- ◆ 2 種類の引用部の書き方がある
  - ➤ 直接引用：先行研究の記述を原文のまま記載する方法
  - ➤ 間接引用：先行研究の内容を要約して記載する方法
- ◆ 2 種類の出典の示し方がある
  - ➤ 文中に著者の姓と刊行年を記載する方法
  - ➤ 丸括弧の中に著者の姓と刊行年を記載する方法
- ◆ 著者の数によって出典の記載様式が変化する
- ◆ 同じ文献を繰り返し引用する場合，出典の記載様式が変化する

10.1　本文中での引用の書き方

10.1.1　直接引用と間接引用

　先行研究の研究方法や著者の主張を本文中に引用するには，**先行研究の説明（引用部）**とその**先行研究が掲載されている文献の出典**の2つを明らかにする必要があります。先行研究の内容をあたかも自分の研究の内容のように記述すること，または出典を意図的に示さずに引用する行為は剽窃と呼ばれ，不正行為です。この行為はレポート・論文の評価をきわめて落とすことになります。

　なお，文献の出典を示すとして，著者名や雑誌名称等のすべての文献情報を本文中に示すのではないことに注意しましょう。9章で述べたように，文献情報の詳細は，「引用文献」に示します。そのため，**本文中では著者の姓と文献の刊行年のみを記載して出典を示します**。読者は著者の姓と刊行年に基づいて「引用文献」のリストから文献の詳細情報を得ることが可能です。

　本文中に先行研究の内容を引用する方法には，**①直接引用**と，**②間接引用**の2種類があります。いずれの引用方法も，引用部と文献の出典の2項目で構成されます。

①直接引用

　先行研究で述べられている内容や著者の主張を**原文のまま引用する**ことを直接引用と言います。後述する間接引用では，引用者の解釈が含まれることから，先行研究での本来の主張とは異なる主張が読者に伝わってしまう可能性があります。これを避けるため，先行研究の著者の主張を原文のまま記載することで，その主張を誤りなく読者に伝えることができます。ただし，直接引用の多用は，著作権の侵害や，先に述べた剽窃のリスクを伴います。このリスクを避けるため，直接引用は必要最低限としましょう。

　短い文を直接引用する場合，鉤括弧「　」や二重鉤括弧『　』，シングルクォーテーション‘　’，ダブルクォーテーション“　”の引用符を用いて，本文中に組み込みます。一般的には，日本語では鉤括弧を，英語

ではダブルクォーテーションを用います。先行研究中の 1 段落など，比較的長い文を引用する場合は，引用符を用いずに改行と字下げをして記述します。

　引用の直後に，**文献の著者の姓，文献の刊行年，その引用個所の掲載ページ**を出典として記載します。以下に示すように，文献の著者名と刊行年は常にセットで記載されます。ただし，掲載ページは離れた場所に記載される場合もあります。

直接引用の書き方の例

✓ 一般に，反応時間とは，「刺激の出現から反応行動の開始までの時間間隔」（瀬谷, 2010, p.112）と定義されている。

✓ 瀬谷（2012）は反応時間の問題点として次のように述べている：
　　　　反応時間の計測は，心理的過程のある側面の特徴を記述する上で重要な指標である。一方で，その計測や解析には注意が必要である。すなわち，……。（p.112）

---

②間接引用

　間接引用とは，**先行研究で述べられている内容を要約し，本文中に引用する方法**です。先に説明した直接引用では，著作権の侵害や剽窃のリスクがあることから，間接引用で先行研究を引用することが一般的です。なお，間接引用の場合，引用個所の掲載ページを示す必要はありません。

　間接引用をする場合，まず先行研究の文献を熟読し，内容を理解する必要があります。そして，**自分の言葉で**先行研究の内容を要約し，本文中に簡潔に説明します。単に要約されていれば良いと言う訳ではなく，あくまでも自身で考えた文章であることが重要です。なお，他者によって要約された文章をそのままレポート・論文に記載することは剽窃であり，不正行為です。

┌─ 間接引用の書き方の例 ──────────────

✓ 刺激の出現から何らかの反応行動の出現までの時間間隔は反応
　時間として知られる（瀬谷，2010）。

✓ 瀬谷（2012）によれば，反応時間の計測・解析には注意が必要
　である。なぜならば，……。

└──────────────────────────────────

10.1.2　出典の記述方法

　出典の示し方には，**①文中に示す方法**と，**②丸括弧の中に示す方法**
の 2 種類があります（3.1.2 参照）。いずれの場合も，著者の数および
同じ文献を繰り返し引用する場合に，その記載様式が変化します。

①文中に示す方法

　この方法は，**文章の一部として文献の出典を示す**方法です。レポー
ト・論文の「序論」では，関連する先行研究を詳しく説明する必要があ
るので，この方法が多く用いられます。特定の先行研究での主張や実験
方法，結果等を詳しく説明する場合に，この方法は特に効果を発揮しま
す。

　この方法では，**著者の姓と文献の刊行年**を書きます。英語文献の出典
を示す場合，「引用文献」における著者の記載方法とは異なり，著者の
名のイニシャルを書きません。また複数著者の英語文献では，**最後の
著者の姓の前に「and」**を置きます。これがアンパサンド「&」ではな
い点に注意しましょう。

　刊行年は丸括弧「（ ）」の中に記載します。ピリオドは不要です。本
文中では日本語・英語文献にかかわらず，全角の丸括弧を用います[1]。

　同じ文献を繰返し引用する場合，**著者の人数によって著者の姓の記
載様式が変化します**（表 10-1）。3 名以上の著者の日本語文献では，2
回目以降の引用時に，第 1 著者の姓に続けて「他」を書き，第 2 著者

───────────────

[1] ここでは，日本語でレポート・論文を書くことを想定しています。英語のレポ
ート・論文では半角括弧を用います。

以降を省略します。英語文献では，第1著者の姓の後に「et al.」を書き，第2著者以降を省略します。なお，6名以上の著者の文献では，1回目の引用から第2著者以降の姓を省略します。

　同じ著者の複数の文献を引用する場合には，刊行年をカンマで区切って書きます。例えば，「瀬谷（2010）」と「瀬谷（2012）」を引用する場合，刊行年が早い順に「瀬谷（2010, 2012）」と書きます。しかし，「天野・瀬谷（2010）」と「瀬谷・天野（2012）」のように，含まれている著者は同じでも，その順序が異なる文献は，まとめて記載することはできません。

表 10-1

著者数，引用の回数に応じた文中での出典の例

著者数	1回目の引用	2回目以降の引用
1名	瀬谷（2010） Seya（2010）	瀬谷（2010） Seya（2010）
2名	瀬谷・天野（2010） Seya and Amano（2010）	瀬谷・天野（2010） Seya and Amano（2010）
3-5名	瀬谷・天野・田中（2010） Seya, Amano, and Tanaka（2010）	瀬谷他（2010） Seya et al.（2010）
6名以上	瀬谷他（2010） Seya et al.（2010）	瀬谷他（2010） Seya et al.（2010）

出典の書き方の例

- ✓ 瀬谷（2010）および瀬谷・天野（2012）は，……。

- ✓ Seya（2010）および Seya and Amano（2012）では，……。

- ✓ Seya, Amano, and Tanaka (2010)によれば，……。

- ✓ （同じ著者の文献を複数引用する場合）
  瀬谷（2010, 2012）によれば，……。Seya and Amano（2012, 2015）は，……。

- ✓ （単著または 2 名の著者の文献の 2 回目以降の言及）
  瀬谷（2010）および Seya and Amano（2012）では，……。

- ✓ （3 名以上の著者の文献の 2 回目以降の引用）
  瀬谷他（2015）では，……。Seya et al.（2015）は……。

②丸括弧の中に示す方法

　一般によく知られている現象や，①の方法で説明した研究と同類の研究を列挙する場合など，特定の先行研究の詳しい説明が不要な場合に，この方法が用いられます。

　例えば，本研究で取り扱う現象の重要性を示すために，多くの先行研究がなされていることを「序論」で述べることがあります。この場合，先行研究 1 つ 1 つを詳細に説明することは効率的ではありません。「……現象についてはこれまで多くの研究がなされてきた（瀬谷，2010；瀬谷・天野，2012；……）」のように記述すれば，多くの先行研究があることを簡潔に示すことができます。

　また，引用すべき文献の多くは「序論」で詳しく説明されていることがほとんどです。そのため，「考察」で改めてその詳細を説明する必要

はありません。「考察」では，丸括弧を用いる方法で出典を示し，簡潔
に引用しましょう。

　丸括弧の中に出典を示す場合，**著者の姓と文献の刊行年をカンマ「，」**
で区切って示します。また，英語文献を引用する際には，**「and」では**
なく「&」を用います（表 10-2）。

　複数の文献を列挙する場合は，セミコロン「；」を使って文献を区切
ります。記載の順序は「引用文献」の基準に準じます。

表 10－2
著者数，引用の回数に応じた丸括弧中の出典の示し方

著者数	1回目の引用	2回目以降の引用
1名	（瀬谷，2010） （Seya, 2010）	（瀬谷，2010） （Seya, 2010）
2名	（瀬谷・天野，2010） （Seya & Amano, 2010）	（瀬谷・天野，2010） （Seya & Amano, 2010）
3-5名	（瀬谷・天野・田中，2010） （Seya, Amano, & Tanaka, 2010）	（瀬谷他，2010） （Seya et al., 2010）
6名以上	（瀬谷他，2010） （Seya et al., 2010）	（瀬谷他，2010） （Seya et al., 2010）

引用の書き方の例

✓ 反応時間には性差があることが知られている（瀬谷・天野，
2012；瀬谷・天野・田中，2015）。

✓ ......。多くの研究において，同様な結果が報告されている（瀬
谷，2010; Seya, 2011）。

✓ 本研究の結果は，上肢での反応時間の性差を報告した先行研究
（瀬谷・天野，2012; 瀬谷他，2015; Seya et al., 2016）と一致
する。

10.2 本文中での引用の悪例と良例

ここでは文献の引用の悪例とその問題点について説明します。その後，問題点を改善した良例を示します。

10.2.1 引用の悪例

引用の悪例 1 :

1. 序論
1.1 研究背景

様々な日常場面において私たちは視覚情報に基づいて適切な反応行動を行っている。例えば，……。

視覚情報の識別能力を表す指標の 1 つとして，視力が知られている。視力は 2 つの点を見分けることができる最小の間隔（最小分離閾）の逆数として定義される①。

視力は，加齢やそれに伴う眼疾患などの身体的要因の影響および照明などの環境要因の影響を受けることが知られている①。例えば，愛知淑徳大学人間情報学部准教授の瀬谷安弘氏は，その論文「照度と視力の関係」において②，照度が視力に及ぼす影響を検討し，照度の低下に伴って視力が低下することを報告した。この研究では……。

これまでの研究では照度が視力に及ぼす影響について検討されてきた。しかし，従来研究では，特に低照度環境での視力に着目しており，中照度および高照度が視力に及ぼす影響については十分な検討がなされていない。それ故，……。

①文献の引用がありません。

専門用語の定義や意味を記述する場合には文献を引用しましょう。また「……の影響を受けることが知られている」のように，特定の現象について言及する際にも文献が必要です。

162

②著者の肩書，フルネーム，論文のタイトルを書いてはいけません。

　著者の姓と文献の刊行年のみを示しましょう。一般向けの書籍や新聞記事などでは，著者の肩書や論文のタイトルなどの詳細情報が本文に記載されていることがありますが，レポート・論文では不要です。

引用の悪例2：

1．序論
1.1 研究背景
　様々な日常場面において私たちは視覚情報に基づいて適切な反応行動を行っている。例えば，……。
　視覚情報の識別能力を表す指標の 1 つとして，視力が知られている。視力は 2 つの点を見分けることができる最小の間隔（最小分離閾）の逆数として定義される（瀬谷（2000））[①]。
　視力は，加齢やそれに伴う眼疾患などの身体的要因の影響および照明などの環境要因の影響を受けることが知られている（瀬谷（2000），瀬谷・天野・田中（2007））[①]。例えば，瀬谷（2000）は……。また，瀬谷・天野・田中（2007）は，……[②]。
　これまでの研究では照度が視力に及ぼす影響について検討されてきた。ただし，従来研究では，特に低照度環境での視力に着目しており，中照度および高照度が視力に及ぼす影響については十分に検討されていない。それ故，……。

---

①刊行年が丸括弧の中に示されています。

　丸括弧中に出典を示す場合，発刊年はカンマで区切って記載します。複数の文献を列挙する場合は，セミコロンを入れます。

②2回目以降の文献引用の記載様式が不適切です。

　3名以上の著者がいる文献の場合，2回名以降の引用では，第1著者以外の著者を省略する必要があります。

10.2.2　引用の良例

> **悪例 2 の修正例：**
>
> ## 1.　序論
> ### 1.1 研究背景
> 　様々な日常場面において私たちは視覚情報に基づいて適切な反応行動を行っている。例えば，……。
>
> 　視覚情報の識別能力を表す指標の 1 つとして，視力が知られている。視力は 2 つの点を見分けることができる最小の間隔（最小分離閾）の逆数として定義される（瀬谷，2000）。
>
> 　視力は，加齢やそれに伴う眼疾患などの身体的要因の影響および照明などの環境要因の影響を受けることが知られている（瀬谷，2000；瀬谷・天野・田中，2007）。例えば，瀬谷（2000）は……。また，瀬谷他（2007）は，……。
>
> 　これまでの研究では照度が視力に及ぼす影響について検討されてきた。ただし，従来研究では，特に低照度環境での視力に着目しており，中照度および高照度が視力に及ぼす影響については十分に検討されていない。それ故，……。

カンマの後に刊行年を示す

初出以外は，第 2 著者以降を省略

第 11 章

チェックリスト・サンプルレポート

POINT

◆ 提出前に，レポート・論文を確認する
　➢ チェックリストを活用
◆ 不正行為をしてはならない
　➢ 剽窃・盗用
　➢ 改竄
　➢ 捏造

11.1　提出前にレポート・論文を確認する

　良く書かれたレポート・論文でも，指定されたフォーマットが守られていなければ，その評価はきわめて低くなります。本文に誤字・脱字がある場合や，図表が指定どおりに作成されていない場合も同様です。低い評価を避けるために，提出前に必ずレポート・論文をチェックしましょう。チェックリストを用いると，この作業を円滑に行えます。

　一般に，チェックリストは**①レポートの形式，②レポートの構成要素，③時制，④表現，⑤表，⑥図**等に関するチェック項目で構成されます。以下では，愛知淑徳大学人間情報学部の心理実験演習ⅠとⅡで用いられているチェックリストを例として，各チェック項目について説明します。

①レポートの形式

　事前に指定されているフォーマットや提出の際の様式・形態をチェックします。教員からフォーマットのファイルが提供されている場合には，必ずそれを使いましょう。フォーマットのファイルが提供されておらず，余白の大きさ，字数・行数，フォントの種類などのみが指定されている場合は，必ずその指定に従った形式でレポートを作成しましょう。

チェック項目の例：

- ・指定のフォーマットを使用したか。
- ・表紙・本文・チェックリストの順に並べ，左上隅をホッチキスで綴じたか。
- ・（再提出の場合）再提出レポートの後に初回提出レポートを添付し，左上をホッチキスで綴じたか。

②レポートの構成要素

　レポート・論文の基本要素（2.1.1 参照）の構成に応じて，大見出しを付けて内容を明確に分けていることや，また中見出し・小見出しを用いて下位要素を適切に構成していること等をチェックします。

　引用文献は注意深くチェックしましょう。特に，引用文献リストに記載された文献が本文中で言及されていることと，逆に本文中で引用されている文献が引用文献リストに含まれていることをチェックしましょう。

チェック項目の例：

- ・「序論」「方法」「結果」「考察」などの大見出しを設け，フォーマットを揃えたか。
- ・「方法」の中に，「実験参加者」「装置」「刺激」「手続き」などの小見出しを設け，フォーマットを揃えたか。
- ・「序論」「方法」「結果」「考察」「結論」「引用文献」等のすべての要素を執筆したか。
- ・本文中で引用した文献を過不足なく「引用文献」に載せたか。
- ・本文中での引用の形式は適切か。
- ・全ページの下部中央にページ番号をふってあるか。

③時制

　4章以降で説明したように，原則として「序論」は現在形で記述し，「方法」と「結果」は過去形で記述します。「考察」は記述する内容に応じて過去形と現在形を使い分けて記述します。図のキャプションや本文での記述は，「Figure 1 は……を示す。」のように現在形で記述します。

チェック項目の例：

- ・「目的」を，原則として現在形で書いたか。
- ・「方法」と「結果」を，原則として過去形で書いたか。
- ・「考察」において，結果の説明をする場合は過去形，結果に基づいて考察をする場合は現在形で書いたか。

④表現

　主語と述語の対応や用語の統一，あいまいな表現の回避，適切な段落分け，見やすい図表のレイアウトなど，レポート・論文に適した表現となっているかをチェックしましょう。

チェック項目の例：

- 本文を箇条書きではなく文章にしたか。
- 「です・ます」調ではなく，「である」調で書いたか。
- 主語と述語を対応させたか。
- 「私は〜思った，びっくりした，がんばった」等の主観的表現，「およそ，約，やや，普通に」等の曖昧表現，「〜。なので，〜。だから，1つ目は〜2つ目は〜」等の口語表現を避け，客観的表現や明確な表現で書いたか。
- 情報のまとまりごとに段落を変えたか。
- 全文にわたって用語を統一したか。
- 本文と図表との間に1行以上の空白を入れて見やすくしたか。
- 図表で示した数値を，本文中に重複して示していないか。

⑤表

　多くの情報をまとめて示すために表を用います。その表が見づらくては意味がありません。表全体のレイアウトや各項目の見やすさ，キャプションの位置などをチェックしましょう。

チェック項目の例：

- 表の上の中央に，「Table ○(改行)タイトル」の形式で表の番号とタイトルを付けたか。
- 表のタイトルは，表の内容を的確かつ簡潔に表しているか。
- 表の文字は判読に十分な大きさか。
- 表の文字が途中で切れたり重なったりしていないか。
- 表の数値は半角か。
- 表の数値の小数点以下の桁数を統一したか。
- 表の数値の単位を示したか。
- 表の縦線をすべて消したか。また必要のない横線も消したか。
- 表とタイトルを同一ページ内に収めたか。
- 表から読み取れる傾向について本文中で言及・説明したか。

⑥図

　図の見やすさやキャプションの位置をチェックしましょう。

チェック項目の例：

- 図の下の中央に，「Figure ○．タイトル。」の形式で図の番号とタイトルを付けたか。
- 図のタイトルは，図の内容を的確かつ簡潔に表しているか。
- 縦軸と横軸に軸名を付け，必要に応じて単位や原点を明示したか。
- 縦軸の軸名を縦書きで書いたか。
- 縦軸および横軸の数値の小数点以下の桁数を統一したか。
- 図の文字は判読に十分な大きさか。
- 図の文字が途中で切れたり重なったりしていないか。
- 図の数値は半角か。
- 図を白黒とし，外枠や背景色などの不必要な装飾をすべて消したか。
- 図とタイトルを同一ページ内に収めたか。
- 図から読み取れる傾向について本文中で言及・説明したか。

11.2　不正行為

　レポート・論文がいかに優れていても，そこに不正行為による内容が含まれている場合には，**評価が最低となり，時には失格や懲戒処分を受ける可能性もあります**。意図的に不正行為が行われたか否かにかかわらず，厳しい評価・処分がなされることを認識し，自身のレポート・論文の執筆が不正行為に当たらないように常に注意しましょう。

　レポート・論文における不正行為には，**①剽窃・盗用，②改竄（かいざん），③捏造（ねつぞう）**の３種類があります。

①剽窃・盗用

　日本心理学会発刊の「執筆・投稿の手引き（2015年改定版）」によれば，出典を明示せずに引用・利用する行為を剽窃・盗用と言います。これまでに述べたように，他者のアイデアや主張，実験データを利用・引用する場合には，そのことを本文で明記し，文献の出典を示す必要があります。

　最近では，実験レポートや卒業論文のサンプルがWeb上に多く公開されています。このようなサンプルを参考にし，レポートを作成することは問題ありません。しかし，サンプルをそのまま自分のレポート・論文に含める行為（コピーアンドペースト）は剽窃・盗用です。読者である教員は学術論文を日々読み，また執筆しています。そのため剽窃・盗用の痕跡は，必ず教員に見つけられてしまいます。

　友人が作成したレポート・論文の一部または全部を自分のレポート・論文に含める行為も同様です。この場合，**レポート・論文を見せてもらった側と見せた側の両方が処罰の対象となります**。「見せたのではなく，勝手に見られた」という主張も，それを客観的に示す証拠がなければ，認められません。自分のレポート・論文が友人も含め他者に剽窃・盗用されないように，常に気を配りましょう。

②改竄

　実験で得たデータなどを意図的に書き換えて，レポート・論文に含める行為を改竄と言います。実験データが当初予測したものと異なって

いた場合，その理由を考え，新たな文献の収集や追加の実験を行う必要があります。これらの労力を避けるために，実際のデータを改変し，当初の予測に合致する都合の良いデータに書き換える行為は改竄です。また，都合の悪いデータを削除する行為も改竄です。予測と異なるデータは，思わぬ大きな発見につながることもあります。改竄には手を染めず，素直かつ謙虚に研究に取り組みましょう。

③捏造

　実際には存在しないデータをあたかも実験を行って得たかのように偽り，レポートや論文に含める行為を捏造と呼びます。捏造は実験そのものを行わずにデータをでっちあげる点で改竄とは異なります。しかしどちらも虚偽のデータをレポート・論文の中に持ち込むという点では同じです。上述したように，素直かつ謙虚に研究に取り組むことを心がけましょう。また，捏造を疑われないためにも，実験日時・場所・参加者などの情報を実験ノートに記載し，実験の証拠を必ず残しましょう。

サンプルレポート

「心理実験演習 I」レポート

実験実施日： 2019 年 6 月 20 日
提出期限： 2019 年 6 月 26 日
提 出 日： 2019 年 6 月 26 日

課題名　　時間遅れおよび計算負荷が自由再生に
よる系列位置効果に及ぼす影響

担当教員	瀬谷安弘 先生
グループ	Ａ グループ
学籍番号	1234567
氏　名	愛知　淑子

1　序論

1.1　背景

　過去に経験した事柄を保持し，後にそれを検索・再生する認知活動は，記憶と呼ばれる。記憶は，計算や言語の理解，顔の認識を含む他者との良好な関係の構築など，様々な日常場面において重要な役割を果たしている。Atkinson and Shiffrin（1968）によれば，記憶は感覚記憶，短期記憶，長期記憶の 3 段階に分類可能である。彼らの提唱した説は記憶の三段階説と呼ばれ，特に短期記憶と長期記憶に着目した場合には，記憶の二重貯蔵モデルとも呼ばれる。このモデルによれば，外界からの情報は，まず感覚記憶に 1 秒程度保持され，そこで注意を向けられた情報のみが短期記憶に送られる。短期記憶に送られた情報は，数秒から数十秒程度保持される。しかし，記憶容量に制約があるため，古い情報は忘却される。頭の中で情報を繰り返し唱えるといったリハーサルが行われることで，短期記憶の情報は長期記憶に送られ，より長い時間での貯蔵が可能となる。

　この記憶の二重貯蔵モデルは，自由再生法を用いた多くの研究によって支持されている（例えば，Glanzer & Cunitz, 1966; Richardson & Baddeley, 1975; Russo & Grammatopoulou, 2003; 梅村, 1981; Watkins, 1972）。自由再生法では，実験参加者に複数の単語を1つずつ継時的に呈示する。その後，実験参加者は呈示の順序に関わらず，自由に単語を再生することが求められる。この手法を用いた研究において，最初（初頭部）と最後（新近部）に呈示された数項目の再生率が高いことが示されている。呈示された項目の系列内の位置による記憶成績の変化は系列位置効果と呼ばれ，そのうち系列の最初の数項目で見られる効果を初頭効果，最後の数項目で見られる効果を新近性効果と言う。記憶の二重貯蔵モデルに基づけば，系列初頭の項目はその後の項目の呈示中にも短期記憶でリハーサルを行う機会があるため，長期記憶に保持されやすく，結果として再生率が高くなる。これが初頭効果であると考えられる。一方，系列末尾の項目は，呈示から再生までの時間が短いため短期記憶内の情報として再生しやすく，再生率が高くなる。これが新近性効果であると考えられる。

　Glanzer and Cunitz（1966）は，単語リストの呈示から再生までの時間間隔を操作し，短期記憶での情報の保持を阻害することで，新近性効果のみが選択的に消失することを示した。彼らの実験では 1 音節名詞の 15 単語で構成される単語リストを実験参加者に継時的に呈示した。実験参加者はリスト呈示直後に再生を求められる群と，数字の数え上げ（数唱）後に再生が求められる群に分けられ，後者の群はさらに数唱の時間が 10 秒または 30 秒の群に分けられた。実験の結果，数唱から再生までの時間遅れが長くなるほど，新近性効果が減少することが明らかとなった。一方，初頭効果は時間遅れによる影響を受けなかった。これらの結果は，リストの初頭部の項目が長期記憶で保持され，リスト末尾の新近部の項目が短期記憶で保持されるとする考えを支持している。

　Glanzer and Cunitz (1966) の数唱課題あり条件では，数唱課題に伴う時間遅れと数唱課題遂行の妨害効果の両方が混在しており，それぞれの効果は分離されていない。短期記憶での保持時間特性を考慮すれば，時間遅れは新近性効果に影響すると考えられる。一方で，数唱課題はリハーサルを妨害することにより，結果として新近性効果に影響すると言える。彼らは，補足実験として，数唱課題を行わずに 30 秒間待機後に自由再生を参加者に行わせる補足実験を行い，新近性効果が生じる一方で，その効果がリスト呈示直後に再生を求めた場合よりも小さいことを報告した。ただし，この実験では，30 個の単語が呈示されたなど上述の実験とは方法が異なる。それ故，数唱課題あり条件と待機条件の結果を直接比較するのは困難である。

1.2　目的

　本研究では，系列刺激を記憶した後の計算課題の有無が，自由再生におけ

背景のポイント

現象や用語の定義を説明する

先行研究を紹介する
◇ 引用元を示す
　（Glanzer &
　Cunitz, 1966）
◇ これまでにどのような研究が行われ，何が明らかになったかを述べる

結論や重要な点を先に説明し，詳細（方法など）は後に説明する

る初頭効果および新近性効果に及ぼす影響について検討することを目的とする。Glanzer and Cunitz（1966）での数唱課題あり条件では，時間的な遅れと数唱課題の 2 つの要因が混在している。これらの要因を分離するために，本研究では，単語系列の呈示後に計算課題を行わせてから自由再生させる「計算あり条件」と，計算課題を行わずに 30 秒間待機した後に自由再生させた「計算なし条件」との間で再生率を比較する。

　計算課題は短期記憶を使用する課題であるので，①短期記憶に基づく新近性効果は計算課題に妨害されて消失すると予測され，一方，②長期記憶に基づく初頭効果は計算課題の影響を受けないと予測される。これら 2 つの予測を本研究では検証する。

2　方法

2.1 実験参加者
　実験参加者は愛知淑徳大学で心理学の授業を履修している大学生 41 名（男性 15 名，女性 26 名）であった。彼らの平均年齢は 19.44 歳（標準偏差 0.67 歳）であった。

2.2 装置
　刺激の呈示装置として，パーソナルコンピュータ（富士通，FMVK0300C），液晶プロジェクター（EPSON，LE1901），およびプレゼンテーションソフト（Microsoft, PowerPoint2016）を用いた。

2.3 刺激
　梅本・森川・伊吹（1955）において示された無連想価が 50 以上であるカタカナ 2 文字の無意味単語から，本試行用に 9 単語×8 セッション分の 72 単語と，練習試行用に 1 セッション分の 9 単語を抽出した（Table 1）。PowerPoint2016 を用いて，白の背景色のスライドの中央に 80 ポイントの黒色のゴシック体で各単語を配置した。この単語を記したスライド 9 枚を 1 セットとし，各セッションの系列刺激とした。ただし，単語が断続的に呈示されるようにするために，単語スライドの間に空白のスライドを挿入した。単語スライドおよび空白スライドの呈示時間は，いずれも 1.5 秒とした。

2.4 手続き
　愛知淑徳大学の多目的実験演習室（11208）で実験を行った。実験参加者 41 名を実験室の椅子に前方を向いて座らせ，各実験参加者の前に机を配置した。系列刺激のスライド画像を，パーソナルコンピュータから液晶プロジェクターを介して実験室前方のスクリーンに投影する方法で，実験参加者に呈示した。

　計算なし条件では，①実験参加者に単語の系列刺激を呈示し，その単語を記憶させ，②系列刺激の呈示の終了後から 30 秒間，何もせずに座らせたままとし，③その後，記憶した単語を紙面に書かせる方法で自由再生を 30 秒間行わせた。

　一方，計算あり条件では，①実験参加者に単語の系列刺激を呈示し，それを記憶させた後に，②30 秒間の計算課題を行わせてから，③記憶した単語を紙面に書かせる方法で自由再生を 30 秒間行わせた。計算課題は，紙面上に示した初期値の数字から 3 を繰り返し減算し，その数字を回答欄に記入する課題とした。本試行の初期値は，第 1 セッションから順に 111, 97, 77, 65, 131, 55, 87, 72 であった。練習試行の初期値は 81 であった。

目的のポイント

何を明らかにするかを説明する

目的のため，どのような実験を実施するかを述べる

結果の予測を述べる

装置，刺激のポイント

装置：実験で用いた装置や機器を説明する

刺激：呈示した刺激の作成方法，内容などを説明する
◇ 既存の刺激を用いる場合は引用元を示す

　練習試行を計算あり条件で 1 セッション行った後に，本試行を行った。
　本試行では，予め実験参加者を 20 名と 21 名の 2 群にランダムに分け
た。一方の群では，第 1–4 セッションに計算あり条件を割り当て，第 5–8
セッションに計算なし条件を割り当てた。もう一方の群では，第 1–4 セッ
ションに計算なし条件を，第 5–8 セッションに計算あり条件を割り当て
た。これにより計算の有無に関する実験順序のカウンターバランスをとっ
た。両グループともに，第 4 セッション終了時に 2 分間の休憩を取らせ
た。

Table 1
記憶課題で用いた単語リスト

系列位置	セッション番号								練習
	1	2	3	4	5	6	7	8	
1	ソイ	ルエ	ノユ	ロヨ	ノヌ	ロヘ	ヘニ	モセ	セテ
2	ルヌ	ロツ	ルヤ	レヌ	ヘハ	テヒ	ヤウ	ネメ	ラノ
3	レメ	ヘフ	ヌワ	リネ	レワ	ネミ	ヒヤ	エウ	トヌ
4	ワソ	ラユ	リヘ	ヨヌ	スユ	ルメ	メワ	ヌヨ	スヘ
5	ツニ	ネセ	ムヌ	ルセ	ロモ	ユム	ヌア	ソニ	メミ
6	ヨヤ	ノエ	ヘム	ヌハ	ヤテ	スヨ	リヒ	ネノ	ヌナ
7	ヘミ	リテ	ネワ	ラヤ	ネヘ	ラヌ	リワ	レソ	ケメ
8	ワネ	セサ	ノヨ	ネユ	ニノ	ツセ	セノ	ヒム	ラエ
9	ホヒ	ヒホ	テハ	ニメ	ルモ	ヌチ	ユヨ	ムア	ルム

3　結果

　各計算条件の各系列位置において，各参加者が正しく再生した単語数をセッション数で割り，無意味単語の再生率を算出した。その再生率の平均と標準偏差を Figure 1 に示す。

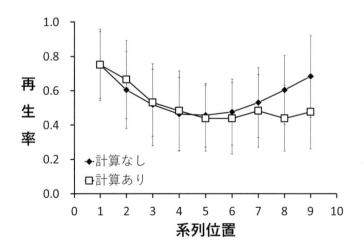

Figure 1. 計算ありおよび計算なし条件での系列位置ごとの再生率。エラーバーは標準偏差を表す。

Figure 1 より，系列位置 1–3 の初頭部では，計算あり条件・計算なし条件とともに系列位置が後方であるほど再生率が低い傾向が見て取れる。系列位置 4–6 の中間部では，計算あり条件・計算なし条件ともに系列位置に対して再生率がほぼ一定である傾向が見て取れる。系列位置7–9の新近部では，計算なし条件のみ，系列位置が後方であるほど再生率が高い傾向が見て取れる。すなわち初頭部（系列位置 1–3），中間部（系列位置 4–6），新近部（系列位置 7–9）のそれぞれで再生率の傾向が異なっている。そこで以下では，系列位置を初頭部，中間部，新近部の 3 種類の系列位置グループに分け，系列位置の効果および計算の有無の効果を解析した。

3.1 系列位置効果

各系列位置グループの各計算条件において，参加者が正しく再生した単語数を呈示した単語数で割り，再生率を算出した。Figure 2 にその再生率の平均と標準偏差を示す。Figure 2 より，計算あり条件・計算なし条件の両条件で，中間部よりも初頭部の再生率が高い傾向が読み取れる。計算なし条件では中間部よりも新近部の再生率が高い傾向が読み取れる。しかし，計算あり条件ではその傾向は認められず，新近部と中間部はほぼ同じ再生率であることが読み取れる。

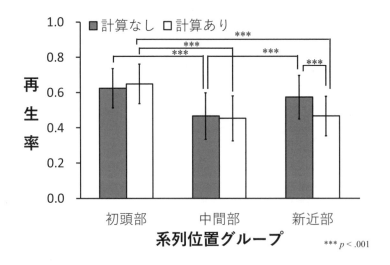

Figure 2. 計算ありおよび計算なし条件での系列位置グループごとの再生率。エラーバーは標準偏差を表す。

検定結果のポイント

検定対象のデータと用いる検定方法を述べる。

検定結果を示す。

検定結果を根拠として条件間の大小関係を述べる。

再生率について，計算の有無と系列位置グループを要因とする 2 要因被験者内分散分析を行った。その結果を Table 2 の分散分析表に示す。Table 2 に示したとおり，計算の有無と系列位置グループの交互作用が有意だった [$F(2, 80) = 6.50, p < .001$]。交互作用が有意であったので，系列位置グループの各水準において，計算の有無の要因について単純主効果検定を行ったところ，初頭部および中間部では単純主効果は有意ではなかった [初頭部，$F(1, 40) = 1.05$, ns；中間部，$F(1, 40) = 0.21, ns$]。一方，新近部で計算の有無の要因の単純主効果が有意であった [$F(1, 40) = 18.36, p < .001$]。したがって，新近部において計算あり条件での再生率は計算なし条件の再生率よりも有意に低いと言える。

Table 2

再生率についての計算の有無および系列位置グループを要因とする
2要因被験者内分散分析表

要因	平方和	自由度	平均平方	F値
被験者	0.92	40		
計算の有無	0.06	1	0.06	6.14 *
誤差(計算の有無)	0.41	40	0.01	
系列位置グループ	1.33	2	0.66	54.99 ***
誤差(系列位置グループ)	0.96	80	0.01	
計算の有無 × 系列位置グループ	0.19	2	0.10	6.50 ***
誤差（計算の有無 × 系列位置グループ）	1.17	80	0.02	
全体	5.04	245		

* $p < .05$

*** $p < .001$

分散分析表のポイント

独立変数・従属変数を題名に含めることにより分散分析表の内容がわかるようにする

文字・数字が途切れないよう見やすくレイアウトする

小数点以下の桁数をそろえる

　計算条件の各水準において，系列位置グループの要因について単純主効果検定を行ったところ，計算あり・なし条件ともに単純主効果が有意であった [計算なし条件, $F(2, 80) = 20.42, p < .001$；計算あり条件, $F(2, 80) = 36.11, p < .001$]。計算あり・なし条件ともに，系列位置グループの単純主効果が有意であり，かつ系列位置グループの要因の水準数が3であったので，系列位置グループ間の再生率の差について Bonferroni 法による多重比較を行った。Table 3 に計算なし条件における多重比較の結果を示し，Table 4 に計算あり条件における多重比較の結果を示す。

　Table 3 に示すように，計算なし条件では，初頭部と新近部の間に再生率の有意差は認められなかった。しかし，初頭部と中間部の間 $(p < .05)$，および中間部と新近部の間 $(p < .05)$ には再生率に有意差が認められた。したがって，計算なし条件では初頭部と新近部の方が中間部よりも再生率が高いと言える。

　Table 4 に示すように，計算あり条件では，初頭部と中間部の間 $(p < .05)$ および初頭部と新近部の再生率の間 $(p < .05)$ に有意差が認められた。したがって，計算あり条件では，初頭部の再生率は中間部・新近部の再生率よりも高いと言える。

Table 3

計算なし条件における再生率についての系列位置グループ間の
多重比較の結果

	初頭部	中間部	新近部
初頭部		***	*ns*
中間部			***
新近部			

***: 0.1%水準で有意差あり

Table 4
計算あり条件における再生率についての系列位置グループ間の
多重比較の結果

	初頭部	中間部	新近部
初頭部		***	***
中間部			ns
新近部			

***: 0.1%水準で有意差あり

3.2 初頭部・新近部での計算の有無の効果

　計算の有無の効果をより詳細に検討するために，初頭部の 3 系列（Figure 1 参照）の再生率に対して，計算と系列位置を要因とする 2 要因分散分析を行った。その結果を Table 5 の分散分析表に示す。Table 5 に示すとおり，計算と系列位置の交互作用は有意ではなかった [$F(2, 80) = 0.45, ns$]。また，計算の主効果も有意ではなく [$F(1, 40) = 1.05, ns$]，系列位置の主効果のみが有意であった [$F(2, 80) = 19.19, p < .01$]。系列位置の主効果が有意であり，かつ系列位置の要因の水準数が 3 であったので，系列位置間の再生率の差について Bonferroni 法による多重比較を行った。Table 6 に多重比較の結果を示す。Table 6 に示すように，すべての系列位置間に有意差が認められた （$p < .05$）。したがって，初頭部の第 1 系列位置で最も再生率が高く，以降の第 2，第 3 系列位置では順に再生率が低下したと言える。

　新近部の 3 系列（Figure 1 参照）の再生率に対して，計算の有無と系列位置を要因とする 2 要因分散分析を行った。その結果を Table 7 の分散分析表に示す。Table 7 に示すとおり，計算の有無と系列位置の要因の交互作用は有意ではなかった [$F(2, 80) = 3.08, ns$]。一方，計算の有無の主効果は有意であった [$F(1, 40) = 23.12, p < .01$]。したがって，計算あり条件では，計算なし条件に比べて，有意に再生率が低いと言える。また，系列位置

Table 5
初頭部の再生率についての計算の有無および系列位置を要因とする
2 要因被験者内分散分析表

要因	平方和	自由度	平均平方	F値
被験者	1.63	40		
計算の有無	0.04	1	0.04	1.05
誤差(計算の有無)	1.40	40	0.04	
系列位置	2.09	2	1.04	19.19 ***
誤差(系列位置)	4.35	80	0.05	
計算の有無 × 系列位置	0.04	2	0.02	0.45
誤差（計算の有無 × 系列位置）	3.77	80	0.05	
全体	13.31	245		

*** $p < .001$

Table 6
初頭部の再生率についての系列位置の水準間の
多重比較の結果

	1	2	3
1		***	*
2			***
3			

*: 5%水準で有意差あり

***: 0.1%水準で有意差あり

Table 7
新近部の再生率についての計算の有無及び系列位置を要因とする
2 要因被験者内分散分析表

要因	平方和	自由度	平均平方	F値
被験者	1.91	40		
計算の有無	1.21	1	1.21	23.12 ***
誤差(計算の有無)	2.09	40	0.05	
系列位置	0.24	2	0.12	3.19 *
誤差(系列位置)	3.07	80	0.04	
計算の有無 × 系列位置	0.28	2	0.14	3.08
誤差（計算の有無 × 系列位置）	3.58	80	0.04	
全体	12.38	245		

* $p < .05$

*** $p < .001$

Table 8
新近部の再生率についての系列位置の水準間の
多重比較の結果。

	7	8	9
7		*ns*	*
8			*ns*
9			

*: 5%水準で有意差あり

の主効果も有意であった [F (2, 80) = 3.19, $p < .05$]。系列位置の主効果が有意であり，かつ系列位置の要因の水準数が 3 であったので，系列位置間の再生率の差について Bonferroni 法による多重比較を行った。Table 8 に多重比較の結果を示す。Table 8 に示すように，第 9 系列位置と第 7 系列位置の間で有意

180

差が認められた (p < .05)。したがって，新近部の第 9 系列位置で第 7 系列位置よりも再生率が高いと言える。

4 考察

　本研究では，系列刺激を記憶した後の計算課題の有無が，自由再生における初頭効果および新近性効果に及ぼす影響について検討するために，計算課題の有無と系列位置を操作し，無意味単語の再生率を計測する実験を行った。実験の結果，計算なし条件では，初頭効果および新近性効果が見られた。一方，計算あり条件では，初頭効果のみが見られ，新近性効果は見られなかった。この結果は，新近性効果が短期記憶の特性を反映しており，短期記憶を妨害する計算課題によってその効果が消失するという本研究の予測①を支持する。

　序論でも述べたように，再生までの時間遅れによって新近性効果が減少することを明らかにした Glanzer and Cunitz (1966) の研究では，再生までの時間遅れの影響と計算課題の実施による影響とが分離されていなかった。これに対し本研究では，時間遅れを同一とした場合の再生率を測定することにより，時間遅れのみならず，計算課題によっても短期記憶内の情報が消失することを強く示唆する結果を得た。

　また，本研究の結果は，計算課題が初頭効果に影響しないことを示している。この結果は，Glanzer and Cunitz (1966) の結果と一致するとともに，初頭効果が長期記憶の特性を反映し，計算課題の実施による影響を受けないとする本研究の予測②を支持している。本研究では，短期記憶システムでの情報の保持を，系列刺激呈示後の計算課題を実験参加者に行わせることで阻害した。しかし，系列呈示中に短期記憶内においてリハーサルを行うことは可能であった。その結果として，初頭部の単語は十分なリハーサルによって長期記憶に移行し，その再生率が高くなったと考えられる。

　本研究では短期記憶を反映すると考えられる新近性効果に着目し，その妨害による再生率への影響を検討した。一方，初頭効果については操作を行っておらず，初頭効果が長期記憶を反映しているか否かについては更なる検証が必要であろう。例えば，構音抑制として知られる，短期記憶内でのリハーサルを阻害する操作 (Baddeley, Thomson, & Buchanan, 1975; Rchardson & Baddeley, 1975) を行うことで，系列刺激呈示中であっても短期記憶を妨害することも可能である。もし初頭効果が長期記憶を反映するとすれば，この操作によって新近性効果のみならず初頭効果も消失する可能性があるだろう。今後の研究において，この点についてさらに検討する必要がある。

5 結論

　系列刺激を記憶した後の計算課題の有無が，自由再生における初頭効果および新近性効果に及ぼす影響について検討することを目的し，カタカナ 2 文字からなる無意味単語の系列を記憶させたときの再生率を，単語系列の呈示後に計算課題を行わせてから自由再生させた場合と，計算課題を行わせずに待機後に自由再生させた場合との間で比較した。その結果，短期記憶に基づく新近性効果は計算課題に妨害されて消失すること，および長期記憶に基づく初頭効果は計算課題の影響を受けないことが明らかになった。

　本研究では，新近性効果に着目し，単語呈示後の操作を行った。しかし，構音抑制を用いれば，単語呈示中にも短期記憶から長期記憶への情報の転送

考察のポイント

はじめに実験結果の簡潔なまとめを述べ，仮説が支持されたかを明確に述べる（1 段落目）

結果の解釈，従来の知見との比較，本研究の新規性をのべる

未解決な問題・限界や今後の研究の必要性を述べる

結論のポイント

実験結果から最終的に導かれる事柄を簡潔に述べる

序論・目的と内容を対応させる

考察の単なる繰り返しとしない

を阻害することが可能である。それ故，今後の研究において，構音抑制を用い
た検討を行い，記憶の二重貯蔵モデルの更なる検討が必要であろう。

引用文献

Atkinson, R. C., & Shiffrin, R. M. (1968). Human memory: A proposed system and its control processes. In K. W. Spence, & J. T. Spence (Eds.), *The psychology of learning and motivation* (pp. 89–195). Vol.2. London: Academic Press.

Baddeley, A. D., Thomson, N., & Buchanan, M. (1975). Word length and the structure of short-term memory. *Journal of Verbal Learning Verbal Behavior*, *14*, 575–589.

Glanzer, M., & Cunitz, A. R. (1966). Two storage mechanisms in free recall. *Journal of Verbal Learning and Verbal Behavior*, *5*, 351–360.

Richardson, J. T. E., & Baddeley, A. D. (1975). The effect of articulatory suppression in free recall. *Journal of Verbal Learning & Verbal Behavior*, *14*, 623–629.

Russo, R., & Grammatopoulou, N. (2003). Word length and articulatory suppression affect short-term and long-term recall tasks. *Memory & Cognition*, *31*, 728–737.

Salame, P., & Baddeley, A. (1990). The effects of irrelevant speech on immediate free recall. *Bulletin of Psychonomic Society*, *28*, 540–542

梅村　智恵子. (1981). 仮名と漢字の文字機能の差異について——記憶課題による検討——. 教育心理学研究, *29*, 123–131

梅本　堯夫・森川　弥寿雄・伊吹　昌夫(1955). 清音 2 字音節の無連想価及び有意味度　心理学研究, *26*, 148–155.

Watkins, M. J. (1972). Locus of the modality effect in free recall. *Journal of Verbal Learning & Verbal Behavior*, *11*, 644–648.

引用文献のポイント

本文中で引用した文献をすべて示す

「参考文献」としない

著者の姓のアルファベット順に並べる

日本人の場合：姓と名の間に半角スペースをいれる

執筆者紹介

瀬谷安弘（せや やすひろ）
2002 年　中央大学文学部卒業
2007 年　東京都立大学大学院理学研究科博士課程修了
現職　愛知淑徳大学人間情報学部　准教授
博士（理学）
専門分野は，実験心理学，認知科学，スポーツ科学

天野成昭（あまの しげあき）
1983 年　東京大学文学部卒業
1985 年　東京大学大学院人文科学研究科修士課程修了
現職　愛知淑徳大学人間情報学部　教授
博士（心理学）
専門分野は，言語心理学，音声科学

心理学研究のためのレポート・論文の書き方マニュアル
執筆のキーポイントと例文

2020 年 3 月 20 日　初版第 1 刷発行　　　定価はカヴァーに
　　　　　　　　　　　　　　　　　　　表示してあります

著　者　瀬谷安弘
　　　　天野成昭
発行者　中西　良
発行所　株式会社ナカニシヤ出版
〒606-8161　京都市左京区一乗寺木ノ本町15番地
　　　　　　　　　　Telephone　075-723-0111
　　　　　　　　　　Facsimile　　075-723-0095
　　　Website　http : //www.nakanishiya.co.jp/
　　　Email　　iihon-ippai@nakanishiya.co.jp
　　　　　　　　郵便振替　01030-0-13128

装幀＝白沢　正／印刷・製本＝亜細亜印刷株式会社
Copyright©2020　by Yasuhiro Seya and Shigeaki Amano
Printed in Japan.
ISBN978-4-7795-1454-8　C3011